ERRO
de percurso

Editora Appris Ltda.
2.ª Edição - Copyright© 2024 da autora
Direitos de Edição Reservados à Editora Appris Ltda.

Catalogação na Fonte
Elaborado por: Josefina A. S. Guedes
Bibliotecária CRB 9/870

P763e 2024	Poleci, Camila de Oliveira Erro de percurso / Camila de Oliveira Poleci. – 2. ed. – Curitiba: Appris, 2024. 189 p. : il. ; 23 cm. Inclui notas da autora. ISBN 978-65-250-5994-5 1. Problemas sociais, realidade social (Abortos). 2. Escolhas. 3.Caminhos. I. Poleci, Camila de Oliveira. II. Título. II. Série. CDD – 304.667

Appris editora

Editora e Livraria Appris Ltda.
Av. Manoel Ribas, 2265 – Mercês
Curitiba/PR – CEP: 80810-002
Tel. (41) 3156 - 4731
www.editoraappris.com.br

Printed in Brazil
Impresso no Brasil

C.O. Poleci

ERRO
de percurso

Appris
editora

FICHA TÉCNICA

EDITORIAL | Augusto Coelho
Sara C. de Andrade Coelho

COMITÊ EDITORIAL | Ana El Achkar (UNIVERSO/RJ)
Andréa Barbosa Gouveia (UFPR)
Conrado Moreira Mendes (PUC-MG)
Eliete Correia dos Santos (UEPB)
Fabiano Santos (UERJ/IESP)
Francinete Fernandes de Sousa (UEPB)
Francisco Carlos Duarte (PUCPR)
Francisco de Assis (Fiam-Faam, SP, Brasil)
Jacques de Lima Ferreira (UP)
Juliana Reichert Assunção Tonelli (UEL)
Maria Aparecida Barbosa (USP)
Maria Helena Zamora (PUC-Rio)
Maria Margarida de Andrade (Umack)
Marilda Aparecida Behrens (PUCPR)
Marli Caetano
Roque Ismael da Costa Güllich (UFFS)
Toni Reis (UFPR)
Valdomiro de Oliveira (UFPR)
Valério Brusamolin (IFPR)

SUPERVISOR DA PRODUÇÃO | Renata Cristina Lopes Miccelli

PRODUÇÃO EDITORIAL | William Rodrigues

REVISÃO | Andrea Bassoto Gatto

DIAGRAMAÇÃO | Renata Cristina Lopes Miccelli

CAPA | Lívia Weyl

REVISÃO DE PROVA | William Rodrigues

Dedico este livro a todas nós, pessoas com útero. Que tenhamos cada vez mais liberdade e consciência sobre nossos corpos e nossas vidas.

AGRADECIMENTOS

Aos falecidos, meu bisavô Fernando e sua mulher Odília, que sempre me deram bons livros e me contaram de suas viagens pelo mundo.

À minha avó materna, Therezinha, que durante sua faculdade de Psicologia me deixava mexer em seus livros de Freud por horas a fio e, mais tarde, em suas andanças pelo mundo, me trazia lembranças memoráveis que me incentivaram a ir atrás das minhas próprias aventuras. A sua liberdade me inspira.

À minha tia Alessandra, que é a pessoa que mais me entende no mundo, que sempre me apoia em tudo e é um exemplo de ser humano para mim. Quando eu era criança, ela trabalhava na Biblioteca Pública do Paraná como "contadora de histórias", e vivia me levando com ela para esse mundo dos livros. Eu achava tudo aquilo o máximo e só eu sei o quanto essa convivência quase diária com as histórias que ela contava me deu as ferramentas necessárias para poder ser uma escritora hoje.

À minha mãe, Patrycia, que é uma luz na minha vida. Ela sempre me deu muita liberdade para tudo, sempre me incentivou a ler, escrever e me expressar. Além disso, ela me colocou no mundo no mesmo dia de um ícone literário da minha infância: Monteiro Lobato. Sem ela, nada faz sentido.

Agradeço, também, aos meus amigos queridos que, quando expressei a vontade de publicar a história, todos, sem exceção, me apoiaram muito e disseram que estavam muito orgulhosos.

Por fim, mas não menos importante, agradeço muito também à Marina.

Essa personagem fictícia pode ser a sua colega de trabalho, sua vizinha, sua prima, sua amiga de faculdade, sua irmã, sua filha e até a sua esposa. Todas nós, pessoas com útero, temos um pouco de Marina dentro de nós. As incertezas, as inseguranças, as dúvidas, os medos, as paranoias.

Tenho muito orgulho da forma com que Marina lidou com toda situação: da forma que dava, com as ferramentas que ela tinha no momento. É impossível agradar a todos e nem deveríamos tentar. A nossa vida só a gente vive, e cabe apenas a nós mesmos a responsabilidade de buscar nossa própria felicidade. Custe o que custar.

16 de junho – quarta-feira

Fiquei com aquela sensação ruim, mas só porque o Dr. Fúlvio plantou essa dúvida besta na minha cabeça. Não tinha como, mas como ele mesmo disse: *"Vamos fazer só pra tirar isso da frente"*. Voltei dirigindo, mas nem percebi que não liguei o rádio. Minha cabeça ansiosa já estava sofrendo com todas as possíveis possibilidades.

Eu ia voltar direto para o hotel. Juro. Ia fazer só o exame que ele pediu pela manhã, em jejum. Não havia motivos para sofrer por antecipação. Mas... Ah! Só para tirar essa dúvida chata. O resultado correto mesmo e confiável seria só no dia seguinte.

Teve uma época, muitos anos atrás, que eu fiz quase um por dia desses testes. Comprava de diferentes marcas, pagava mais caro para ter certeza do resultado. Dessa vez, era só para acalmar os nervos mesmo. Eu nem estava preocupada em levar algo de confiança, por isso peguei o teste mais barato que tinha na pequena farmácia na esquina da Avenida Principal, na qual só parei, pois, para chegar em casa, era apenas uma reta.

***

Ao abrir a embalagem, pensei: "Deve ser superconfiável mesmo... É um pedaço de papel! Por isso que custou menos de dez reais". Eu nunca tinha visto assim. Era sempre um dispositivo de plástico, com um pedacinho de fita para fora. Eu tinha certeza de ter jogado dinheiro fora.

Segundo a bula, eu tinha que fazer xixi no minúsculo recipiente, mergulhar a fitinha nesse xixi por um minuto e, então, colocar a tal fitinha na pia, na horizontal, e aguardar cinco minutos para a conclusão do resultado.

Ou seja, eu tinha mais seis minutos para respirar, correto?

Em alguns sites dizia, ainda, que o mais correto era fazer no primeiro xixi do dia, pois a chance de ser mais assertivo o resultado era maior. Já era quase noite, mas não levei muito isso em consideração. Se desse negativo tudo bem, afinal esse teste eu estava fazendo apenas por desencargo de consciência.

De qualquer forma, nada te prepara para isso. Inclusive, em nenhum lugar diz que o resultado pode ser instantâneo. Não há nenhum asterisco, nenhuma entrelinha ou parênteses informando que o tempo especificado na bula é um "tempo máximo" e que, há, sim, a possibilidade de a mulher já estar tão grávida que o simples fato de a fitinha de papel e o xixi estarem no mesmo metro quadrado podem deixá-la *neon*.

Mas foi.

Encostei a fitinha no líquido amarelo: dois risquinhos.

Na hora.

Bem vermelho. Ou rosa *pink*. Sei lá que cor era aquilo. Na verdade, não me importava muito qual era a escala pantone no momento e, sim, a quantidade de risquinhos

"Dois". Repeti mentalmente. Minha visão foi ficando meio turva, meu coração acelerado e minha respiração curta. Eu conhecia muito bem essa sensação: uma crise de ansiedade estava surgindo e eu estava longe demais da enfermaria para confirmar os sintomas. Esses já eram meus conhecidos, mas também eu tinha zero interesse em ir até lá e explicar o motivo de mais uma crise.

Eu precisava me acalmar sozinha como sempre fazia, mas dessa vez não era apenas acúmulo de trabalho que estava gerando a crise e, sim, meu maior pesadelo: *engravidar*.

Só consegui pensar em pegar meu celular para mandar uma mensagem para Becca: «Tô bem não. Deu positivo».

CAPÍTULO 2

Em menos de um minuto ela estava batendo na minha porta. Eu abri e desabei no colo dela.

Chorei tanto, mas tanto! Solucei, desesperei-me com todas as minhas forças, senti aquela água desnecessária descer pelas narinas e não conseguia focalizar em lugar nenhum. Meus olhos só viam água. Becca me abraçava e tentava me acalmar.

Depois de algum tempo consegui respirar melhor e senti meus batimentos cardíacos desacelerarem um pouco. Com certeza, a minha pressão ainda estava alta, afinal a dor de cabeça que tinha se instalado era fortíssima.

Consegui sentar na cama e ela me perguntou o que eu queria fazer. Sem nem pensar duas vezes, respondi: *"Preciso beber"*. Ela nem discutiu.

Eu tinha apenas duas latinhas de Brahma na minha geladeira e ainda nem eram seis horas da tarde. "Essa quantidade alcoólica não será suficiente para me derrubar", pensei. Eu sabia quem poderia me ajudar, mas isso seria só mais tarde. Fomos, então, para minha sacada para acender um cigarro para eu poder pensar na merda que estava acontecendo.

O desespero ainda tomava conta de mim, mas me parecia que o surto inicial havia diminuído um pouco. Pequenos momentos de lucidez (ou, mais provavelmente de delírio), traziam-me de volta para a realidade do momento e eu pensava: *"Não*, imagina! Isso não tem nem condições de estar acontecendo. Deve ser piada".

Nas profundezas mais escuras da esperança de um ser desesperado por uma solução qualquer existia uma possibilidade à qual eu me agarrava com unhas e dentes: *podia* ser um falso-positivo.

Tinha que ser.

***

Becca me acompanhava no cigarro e na cerveja e quando joguei essa possibilidade para o universo ela concordou instantaneamente, tentando me colocar para cima, dizendo:

— Claro! Com certeza existe essa possibilidade! Acontece sempre!

Eu sentia que as palavras não condiziam muito com a expressão do rosto dela, mas ela estava se esforçando para não deixar a peteca cair. Ou, pelo menos, não deixar cair *mais*.

Pensei vagamente se eu havia visto, algum dia, alguma cena de novela ou de filmes em que a mulher, quando faz esse teste, tinha tido alguma reação parecida com a minha. Acredito que seja politicamente incorreto colocar uma futura mãe para chorar horrores e tomar a decisão de tomar um porre e acender um cigarro para lidar com a situação.

Lembro-me de que algumas ficam muito felizes e já contam para Deus e o mundo e outras ficam apenas tristes e com cara de "O que eu faço agora?". Mas, sempre tem aquela cena clássica para contar para as pessoas: alguém vai servir uma bebida e a mulher discretamente fala que não está bebendo. Por alguns segundos ninguém entende o motivo, mas o futuro papai e a futura mamãe ensaiam um sorriso, até que não conseguem se conter. De repente, uma música feliz começa e todos os personagens vibram e comemoram a formação da futura família.

Realmente não lembro de ver um choro compulsivo seguido de consumo de drogas.

Infelizmente, não tenho como voltar atrás. Esse foi meu instinto natural e primitivo. O *não* era a coisa mais certa do mundo naquele momento.

***

Algumas horas depois fomos bater no quarto do Liam para beber um vinho.

A verdade é que fazia alguns dias já que eu havia dividido com eles as minhas suspeitas. É óbvio que eram apenas comentários sem sentido e especulações. Papo de gente que não tem o que fazer.

Jamais – repito – JAMAIS imaginei o assunto se concretizando.

Eu havia avisado no grupo de *WhatsApp* (que tinha como membros apenas nós três e era carinhosamente apelidado de "as milionárias") que iria fazer o teste. Falei brincando e ainda usei várias figurinhas para tirar sarro da situação. Mas quando Liam abriu a porta e viu a minha cara de merda, já disse sem nem ter dúvidas:

— Positivo, né, amiga?

Eu nem me dei ao trabalho de responder. Apenas disse que eu só iria ter certeza com o exame de sangue – que, para mim, na minha cabeça, ainda era bastante óbvio que seria negativo. Segui para a sacada dele, enchi a minha taça de vinho branco até demais e acendi mais um cigarro. *Será que essa tortura, afinal, ia durar muito tempo ou isso era apenas a vida me dando um susto?*

Liam tentou me repreender dizendo que talvez fosse melhor eu não beber. Foi em tom de brincadeira, eu sei, mas ainda assim foi uma tentativa de reprimenda. Porém, como eu ainda estava em estado de negação, cortar a bebida e o cigarro não era uma possibilidade na minha vida, então eu o repreendi de volta e Becca olhou para ele como quem diz: *"Talvez essa não seja a hora de negar alguma coisa pra ela"*.

CAPÍTULO 3

— Amiga, olha esse vestido, que lindo!! Meu Deus, a Halila vai ser chiquérrima!

Peguei o celular de Liam para ver mais um item, dessa vez da *Dolce & Gabbana*, no site da *Farfetch*. Um vestido com flores cor-de-rosa, bem vivas, e que, obviamente, vestiam uma criança de uns 5 anos. Quase cuspi meu vinho quando vi o preço: R$ 3.246,00. Entreguei o celular para Becca ver e olhei para o Liam novamente.

— Ela vai nascer em berço de ouro por acaso? Olha o preço desse vestido! Criança usa esse tipo de roupa uma vez na vida! É mais caro do que a nossa passagem de avião!

— Claro que vai! Halila vai ser riquíssima! Tio Liam vai mimá-la muito. Já imagino todos aqueles véus que irei comprar para ela usar com a gente pra tirar foto no Burj Khalifa.

— Não, amiga. *Hello*!! A gente não tem dinheiro pra isso!

— Mas vai ter! Você vai ver. Meu marido milionário vai inclusive contratar pelo menos duas babás para cuidar dela. Ah! A gente podia ver umas roupas pra babá também, né? Ai, que arraso!

— De onde você tirou esse nome: Halila? – Becca jogou essa pergunta na mesa e nós rimos mais uma vez com as ideias malucas sobre o assunto.

Liam a-m-o-u a notícia.

Assim que falamos sobre o tal teste que deu positivo, *mas-que--podia-não-ser-afinal-havia-uma-chance-do-teste-de-farmácia-não-ser--confiável*, ele já começou a colocar no carrinho de compras todas as roupas infantis que ele achava que a minha futura filha usaria.

Sim, a situação nem era de verdade ainda e ele já tinha dado nome, escolhido o sexo da criança, os bens materiais e o local onde ela iria morar. Tudo me parecia um pouco trágico demais para ser levado a sério, mas a verdade é que Liam e Becca me fizeram rir muito e, por algumas horas, distraíram-me do sentimento de impotência.

Não era minha vontade ser mãe e meus amigos sabiam disso.

Eu não queria manter e Becca super me apoiou. Por outro lado, Liam não concordava com isso, mas também não tentava me convencer de nada. De forma muito bem-humorada, inclusive, disse-me que se eu quisesse manter, mas ainda assim não me sentisse mãe, que era para eu me ver apenas como uma barriga de aluguel e que, assim que nascesse, ele iria ser a mãe. Parecia fácil!

Liam é daquelas pessoas que têm classe, sabe? Vestem-se bem, são educadas, têm postura e *finesse*. Nem sei como conseguia aturar eu e Becca: duas destrambelhadas que viviam fazendo besteira por aí e passando vergonha no débito e no crédito. A última foi quando Becca derrubou suas *Havaianas* da sacada dele, quatro andares para baixo, e saiu pelo hotel bêbada, de madrugada, rindo que nem uma doida, indo fuçar no meio dos arbustos para recuperar o chinelo. Liam, enrolado em seu poncho e segurando seu *Chesterfield*, não sabia onde enfiar a cara devido à vergonha alheia.

Seu maior sonho, porém, era encontrar um marido muito rico e muito chique, que pudesse bancar a vida de rainha que ele havia planejado para ele e, claro, que pudesse contratar várias babás para cuidar dos vários filhos que eles teriam.

Ele não se importava muito com a beleza estética. Se a pessoa fosse decente e podre de rica já estava valendo. Por isso mesmo é que os nossos planos nas últimas semanas estavam girando ao redor de algumas oportunidades de emprego no lugar onde havia mais milionários por metro quadrado do que qualquer outro lugar do mundo: *Dubai*.

E fico feliz em dizer que estava tudo caminhando muito bem! Atualizamos os nossos currículos, marcamos entrevistas, fizemos pesquisas sobre custos de vida e visualizamos o dia em que pediríamos demissão finalmente... Tudo estava caminhando conforme os nossos planos!

Até eu resolver fazer xixi em um potinho!

CAPÍTULO 4

17 de junho – quinta-feira

"Uma hora da manhã... Mas já *é* quinta-feira pelo menos", pensei. O vinho já tinha me deixado mais alterada, mas a minha lógica era que dali apenas cinco horas eu já estaria fazendo o exame de sangue, em pouco tempo essa dúvida seria sanada e tudo estaria resolvido. No entanto havia uma pessoa que não saía da minha cabeça e que eu sabia que talvez falasse algo de bom e feliz para me acalmar.

Não que a Becca não estivesse do meu lado. Longe disso! Ela foi a pessoa que mais me apoiou no meu desespero e disse que estaria comigo independentemente do que acontecesse. Eu estava feliz por tê-la ali, mas Bianca era minha amiga de infância. Sabia tudo da minha vida, nos mínimos detalhes, e, não menos importante: já tinha um filho.

Ela engravidou mais cedo, com 22 anos. Eu morava longe na época, mas acompanhei tudo, emocionada. Lembro de sentir meu útero coçar ao saber que ela estava gerando uma vida pela primeira vez e senti despertar uma vontade pequena de passar por essa experiência também. Tanto que tentei. Eu tinha um namorado e decidi, sozinha, que queria engravidar.

Parei de tomar a pílula sem dizer nada a ele e passei a fazer testes de gravidez regularmente, apenas aguardando o dia em que chegaria em casa, com um sorriso no rosto e aquela "caneta" branca com dois risquinhos apontando o resultado positivo.

Claro, isso era em outra época, com outras prioridades e outra cabeça. Aliás, ainda bem que não consegui a proeza, afinal, dois anos depois eu já não estava mais com ele e fico imaginando que se, eu tivesse engravidado, hoje poderia estar lutando por guarda de filhos na Justiça. A imaginação foi longe com todos os "e se...?" que não aconteceram na minha vida.

Porém, com a vida que eu tinha, a possibilidade de ter um filho nunca foi uma ideia a ser considerada.

Mandei mensagem para Bianca e quando ela me ligou joguei a bomba:

— Fiz um teste, amiga.

— Que teste?

— Aquele teste.

— PCR? Covid? Vocacional? Direção? Que teste, Mari? Você tá me deixando nervosa!

— Não! Não é o de Covid, besta. É aquele de fazer xixi na fitinha. – Eu não queria dizer qual era o teste, pois o vizinho do Liam estava no quarto ao lado e poderia muito bem escutar. Eu o adorava, mas tudo o que eu não precisava eram outras pessoas sabendo da notícia.

— Meu Deus. MEU DEUS, Mari! Como assim? Eu nem sabia que você estava desconfiada! E aí? O que é que deu?

— Dois risquinhos. Eu mal encostei a fitinha, Bi. Mas pode ser que seja falso-positivo, né?

— Meu Deus, eu tô chocada, Mari. – Risada nervosa. – Eu não quero te desanimar, tá? Mas a chance de ser um positivo-positivo é grande, viu? Quando você vai fazer o exame de sangue?

— Amanhã de manhã. Daqui a pouco, na verdade. – Eu me sentia anestesiada, mas estava achando engraçado tudo isso. Acho que o vinho estava ajudando a me relaxar.

— Pelo amor de Deus, me liga amanhã. Vai me dando notícias de hora em hora, por favor. Me avisa quando for para o laboratório, me avisa quando sair o resultado. Respira! Uma coisa de cada vez.

Agradeci e me despedi. Eu esperava que ela me falasse alguma coisa que desse mais esperança, no entanto ela ajudou a confirmar uma situação que eu não queria aceitar.

Só me restava tentar dormir e acordar bem cedo para tirar sangue.

CAPÍTULO 5

Dormi uma ova!

Não consegui pregar o olho nem um minuto e quando vi meu alarme começou a tocar desesperado às seis horas da manhã. Nessas horas eu fico pensando se eu deveria estar tomando ansiolíticos para diminuir a ansiedade que tomava conta de mim nessas situações.

Becca disse que ia comigo ao laboratório para me dar apoio moral. Se bem que, ao "acordar" destruída, moral e fisicamente, eu tinha certeza de que seria uma péssima companhia. Coitada da Becca. Aguentar-me antes das sete horas da manhã não é fácil.

Porém a esperança é realmente a última que morre, então o falso-positivo ainda era o grande elefante branco dentro do meu quarto. Eu queria tanto que ele fosse de verdade e, ao mesmo tempo, tinha medo de mexer com ele e ver que ele era realmente fruto da minha imaginação fértil.

***

Bem cara de pau, peguei o carro da empresa e falei na portaria que ia fazer umas compras no mercado (6h30!). Era tão óbvio que eu estava indo resolver um assunto pessoal... Mas não posso reclamar, pois era nessas horas que o tal "cargo de confiança" me dava alguns luxos.

O caminho foi silencioso. Só não me senti incomodada porque sabia que a Becca me entendia o suficiente para saber que eu estava meio sem humor para conversa fiada.

Chegamos no laboratório, peguei a senha e em menos de dez minutos fui atendida. A recepcionista, muito simpática, perguntou se eu estava de jejum de pelo menos oito horas e se eu estava fazendo o primeiro teste para confirmação da situação. Apenas afirmei com a cabeça, pois, se abrisse a boca, a bola de pelos que tinha na minha garganta ia sair e eu ia começar a chorar.

Eu estava particularmente sensível essa manhã. Acho que a sobriedade bateu.

Em seguida, ela me deu algumas folhas para assinar e eu consegui, timidamente, perguntar a que horas estaria disponível o resultado. Ela me respondeu que no caso desse teste em específico eles sempre colocam como urgência e que a partir das oito estaria disponível ainda hoje.

— Oito horas da manhã? – perguntei, feliz, pensando que a tortura acabaria em menos de duas horas.

— Oito horas da noite, querida. Mas sai hoje ainda.

Pensa num dia que ia ser longo...

CAPÍTULO 6

"Dez horas da manhã. Acho que já deu", pensei.

Entrei no site do laboratório para ver se o resultado já estava lá.

Ainda não.

Comecei a caçar problema para resolver para ver se eu me distraía. Não achei nada de interessante. Até tinham algumas coisas, mas curiosamente, eu não tinha forças para resolver nenhuma delas. Fui, então, atualizar algumas planilhas, dar entrada em algumas notas fiscais no sistema e gerar algumas ordens de pagamento. Coisas bem mecânicas, que não me exigiam muito pensamento analítico, apenas dados para alimentar o sistema e os meus controles internos.

Uma hora se passou e resolvi repetir o processo.

Nada ainda.

Continuei organizando a minha papelada e evitando ao máximo ler os meus e-mails – afinal, todas as informações que continham neles não estavam sendo absorvidas pela minha mente, que estava a mil. Sem contar a dor de cabeça, que já havia se instalado logo cedo.

Menos de uma hora depois atualizei o site novamente.

Estava lá.

O resultado, pronto para ser lido.

Senti um enjoo e um formigamento da nuca.

Abri o arquivo.

***

Lembro-me da minha tia, quase doze anos antes, quando abriu o resultado dela na minha casa.

Meu computador era bem antigo, mas era o que tinha de mais moderno na época. Fizemos o login no laboratório com a senha que ela tinha, abrimos o arquivo e lembro de ver um número acima de cinco mil. Quando vimos os valores de referência comemoramos todos juntos, pois não havia dúvidas: ela estava gravidíssima!

Sua primeira gravidez! Seu namorado estrangeiro, sua vida toda que estava prestes a mudar e o primeiro bebê da família em muito tempo. Primeiro(a) sobrinho(a) da minha mãe. Primeiro(a) primo(a) meu/minha de primeiro grau. Mais um(a) neto(a) para minha vó, mais um(a) bisneto(a) para minha bisavó! A família ficou em festa!

Gravo na minha memória até hoje que foi um momento muito feliz, de muito choro, abraços e parabéns.

Aliás, pensando bem aqui, agora, em nenhum momento da minha vida eu tive contato com alguém que realmente não estivesse feliz por estar grávida.

Gonadotrofina Coriônica Humana (HGC).

(Sério? Não podia ser simplesmente: "Teste de Gravidez"?)

O resultado em letras grandes: 6.249,0 mUI/mL.

Abaixo do resultado, em letras menores, dizia:

"Interpretação na suspeita de gravidez ('Finalmente algum lugar falando português', pensei):

NEGATIVO: inferior a 1,0 mUI/mL

POSITIVO: superior a 25,0 mUI/mL".

Ou seja, a conclusão foi a mesma que tivemos doze anos antes com a minha tia. Só que dessa vez não houve festa.

Muito pelo contrário.

Eu li o resultado sentada na minha mesa do escritório e não podia esboçar nenhuma reação de desespero. Era quinta-feira quase na hora do almoço. Todo mundo estava correndo com alguma coisa importante para fazer devido à reabertura do hotel.

Apesar de a dor de cabeça ter vindo de forma instantânea, fechei o navegador da internet, desliguei meu monitor, levantei calmamente, peguei meu café e meu cigarro e desci as escadas, como eu sempre fiz, para ter meus cinco minutos de paz.

No caminho, mandei duas mensagens no *WhatsApp*. Uma no grupo das milionárias e outra para Bianca. A mensagem dizia apenas: «Confirmado».

CAPÍTULO 7

A partir desse momento, sim, eu tinha todo direito de chorar, descabelar-me e entrar em desespero real.

Curiosamente, eu acendi meu cigarro e fui para o meu fumódromo particular. Alguém ainda me parou no meio do caminho para perguntar alguma coisa do trabalho e eu respondi, como se nada estivesse acontecendo.

Recebi uma mensagem de Becca dizendo que estava indo me encontrar. Li e aceitei que essa era a minha realidade momentânea. Eu precisava pensar nos próximos passos, mas me sentia um pouco fora do meu corpo, como se eu estivesse vendo toda a situação de cima. Eu não conseguia absorver a informação de que o maldito hormônio do teste estava no meu corpo em níveis muito acima do aceitável para qualquer mulher que não estivesse grávida.

Comecei a prestar atenção no meu corpo para ver se alguma mudança já havia se instalado. Meus seios doíam, mas até aí tudo bem, pois todo mês eu sentia isso quando estava para ficar menstruada. Aliás, eu passei a sentir bem mais depois que parei de usar anticoncepcional – depois de onze anos usando o medicamento. Aparentemente, eu não tinha mais nenhum efeito dos hormônios no meu corpo e meu sistema reprodutor estava funcionando brilhantemente.

É engraçado pensar no motivo pelo qual eu parei de tomar anticoncepcionais e comparar com a situação em que me encontrava nesse momento.

Pouco mais de um ano antes, eu estava nesse mesmo médico, Dr. Fúlvio, fazendo um exame de ultrassonografia para ver como estava o funcionamento de praticamente tudo o que tinha na região abdominal. Confesso que meu maior medo era ele dizer que meu fígado estava com os dias contados, mas, felizmente, ele disse que estava em perfeito estado. Ao mesmo tempo que achei curioso, fiquei muito animada e resolvi beber para comemorar quando cheguei em casa! Enfim, a hipocrisia...

Com relação a todos os outros órgãos, tudo estava em perfeito funcionamento. A única observação que ele havia feito era sobre o meu sistema reprodutor. Segundo ele, o tamanho estava muito pequeno. Meu útero tinha menos de cinco centímetros e meus ovários pouco menos de um centímetro – enquanto o normal era entre seis e nove centímetros e de três a cinco centímetros, respectivamente.

Ele me explicou que provavelmente meu ciclo menstrual era bem curto e com um volume de sangue bem baixo. Eu pensei que isso era uma coisa ótima, afinal, eu não tinha do que reclamar todos os meses. Não tinha cólicas, não ficava inchada, não tinha espinhas e mudanças bruscas de humor eram muito, muito raras. Na verdade, elas podiam acontecer em qualquer momento do mês, pois isso fazia parte da minha personalidade, não era uma exclusividade da famosa TPM que assola muitas mulheres.

Só que o que ele me disse é que, pela situação em que eu me encontrava, meu útero poderia estar "preguiçoso" e isso poderia levar a uma menopausa precoce.

O médico me disse isso em um tom completamente informativo, mas eu entendi de forma totalmente desesperada. Achei que de um dia para o outro eu começaria a ter calorões e iria perder a vontade de transar com as pessoas. Ou, pelo menos, era essa a ideia que eu tinha sobre a menopausa.

Dr. Fúlvio, sempre muito sensato, acalmou-me e disse que esse quadro provavelmente poderia ser revertido rapidamente. Era só eu parar de tomar o anticoncepcional por uns três meses pelo menos e aí repetiríamos os exames para ver se tudo tinha voltado ao tamanho que deveria ser.

Três meses se passaram, repeti os exames e tudo estava normal.

Ainda bem!

Só que eu gostei de não tomar mais pílulas diariamente e senti uma estranha liberdade. Eu me sentia muito escrava da cartelinha de anticoncepcionais e só percebi isso depois que não tinha mais essa obrigação.

Instalei um aplicativo no celular para controlar meu ciclo menstrual e decidi que a partir de então eu usaria o método anticoncepcional mais ineficaz de todos os tempos: o método da tabelinha.

Eu não imaginava que as coisas iriam mudar. Eu sabia me cuidar. Eu fiz estoque de camisinhas. Passei a me policiar muito mais quando transava com alguém e vacilar estava fora de cogitação.

Exceto pelo fato de que um ano depois eu estava muito grávida.

Essa era a realidade.

A vantagem era que eu sabia exatamente o dia que havia engravidado e de quem.

Isso, pensava eu, era um ponto muito positivo para quem estava solteira e vivendo essa fase como ninguém.

Pelas minhas contas, o *baby* não tinha nem quatro semanas. Afinal, o descuido fora exatamente no dia do meu aniversário.

CAPÍTULO 8

<u>22 de maio – sábado</u>

Fazia muito tempo que eu não me arrumava desse jeito. O que era completamente normal, afinal, em meio a uma pandemia mundial e com o hotel em que eu trabalhava fechado por um mês, até me orgulho de dizer que não me lembrava de como era me arrumar para sair.

Mas me dei esse presente no meu aniversário, afinal, à meia-noite eu faria 30 anos.

Que idade, senhores!

O medo de admitir ter chegado lá é bizarro. Sempre foi para mim. Eu não me via respondendo para as pessoas: *"Tenho 30 anos"*. Eu tinha a impressão de que toda vez que eu repetisse isso um cabelo branco nasceria.

***

Becca me levou em um boteco, muito simpático, pertinho da casa dela. Dava para ir a pé, o que achei o máximo. Poderíamos sair bêbadas e não precisaríamos dirigir ou pegar um Uber para casa.

A ideia era apenas beber e relaxar entre amigas.

Esquecer um pouco o caos, o trabalho estressante, as minhas crises de ansiedade e, por que não, a pandemia mundial? Por algumas horas me dei o luxo de não pensar em governo, em falta de viagens, em pessoas morrendo, passando fome, em tristeza das famílias – inclusive e, infelizmente, da minha, pois fazia pouquíssimas semanas que eu havia perdido três pessoas muito próximas. Mais uma vez, eu estava morando longe e a vontade de abraçar cada um dos meus familiares era apenas saudade.

É bizarro o quanto a pandemia do coronavírus fez com que passássemos a valorizar tanto o momento presente e a ficar alerta com tudo o que acontece. Ao mesmo tempo, a vontade de fugir de tudo aquilo, nem que fosse por algumas horas, era imensa.

De forma bem egoísta, passei um batonzão vermelho, coloquei um decote, uma minissaia e fui para o boteco. Sinceramente eu não me lembrava de quando tinha sido a última vez que havia feito isso. Senti-me como nos velhos tempos de baladeira, a única diferença era a máscara. Nosso eterno acessório há mais de um ano.

Eu e Becca nos sentamos a uma mesinha do lado de fora, distanciamo-nos o suficiente das outras pessoas, inclusive para podermos fumar o nosso cigarrinho em paz. Original gelada na mesa e companhia parceira demais para ser verdade. Para ser sincera, eu não precisava de mais nada para ficar feliz completando finalmente as minhas primeiras três décadas de vida. Alguns amigos de Becca apareceriam mais tarde para dar um oi e, consequentemente, cantar parabéns para mim. Mas eu já estava feliz desse jeitinho mesmo.

CAPÍTULO 9

O tempo estava meio estranho. Não estava frio, mas de vez em quando começava uma garoa chata. Na primeira vez ficamos guerreiras tomando aquela chuvinha chata que deixa a roupa úmida. Porém, na segunda, ela veio mais forte, e resolvemos ir para uma mesa dentro do bar.

Acomodamo-nos e continuamos a falar sobre as fofocas do hotel em que trabalhávamos. Eu e Becca estávamos em uma parceria sem fim para tudo, então relembrar os momentos bons que passamos nos últimos meses era o nosso passatempo favorito.

Entre uma risada e outra, a garçonete veio trazer mais uma Original na nossa mesa. Antes que eu pudesse protestar dizendo que ainda não havíamos pedido, ela informou que aquela cerveja havia sido enviada para nós como cortesia. Deu um sorriso sem graça e olhou para uma mesa a poucos metros de nós. Logo percebi: três homens solteiros – aparentemente.

Eu e Becca nos olhamos e rimos disfarçadamente. Becca, muito astuta, olhou-me e disse: "Vamos?". Eu concordei sem hesitar. O que tínhamos a perder, não é mesmo?

Em menos de duas horas estávamos quase bêbadas na mesa dos meninos. Muito queridos e engraçados, fizemos amizade rapidamente e nos divertimos horrores. Em algum momento, os amigos de Becca chegaram. Ela me apresentou todo mundo e eu, naturalmente, não gravei o nome de ninguém. A não ser o do Yuri, que era o melhor amigo dela e quem ela mencionava muito.

O ex-namorado dela também apareceu por lá e, apesar disso, em algum momento a vi beijando um dos meninos que conhecemos na mesa. Houve também algum momento em que meu *eu-bêbada* resolveu discutir política com o tal do Yuri e resolveu beijar um dos meninos da mesa também, na hora que nos despedimos deles.

Becca me chamou de canto para saber se eu tinha me interessado por alguém, afinal, transar era um dos objetivos básicos da comemoração dos 30 anos. Como os meninos da mesa que fizemos amizade tinham ido embora em função de outro compromisso, quem tinha sobrado eram os conhecidos dela.

Com certeza, ela tentaria se acertar com o ex (mesmo depois do beijo no desconhecido). Já eu disse que tinha achado um deles gatíssimo (apesar da cara de cafajeste), e o tal do Yuri totalmente interessante, apesar da posição política contrária à minha. A beleza do Yuri não era óbvia, mas seu sorriso era cativante, seu papo incrível e seus cabelos grisalhos um charme sem fim.

Becca me alertou sobre o cara que eu tinha achado gatíssimo: era casado, tinha três filhos e uma amante, mas era um safado e se eu quisesse com certeza ele gostaria. Sobre Yuri, ele era solteiro, inteligente, advogado, um querido, responsável e também tinha me achado interessante. O *plus* era que ele era o melhor amigo dela. Mas a ressalva aqui era o seguinte: *"Ele é que nem a gente, não vale nada"*.

Dois ou três anos antes, eu não pensaria duas vezes e escolheria o casado. Esse era exatamente o tipo de homem pelo qual eu me apaixonava sempre: indisponível, cafajeste e babaca. Porém eu havia feito uma promessa para mim mesma para parar de me castigar sem motivos. Eu vinha me envolvendo com caras muito legais e muito sinceros nos últimos meses e não ia fazer isso comigo novamente, justo no meu aniversário de 30 anos. Era um retrocesso desnecessário.

Eu merecia mais do que isso. Eu merecia conhecer mais um cara legal. E o Yuri era esse cara, eu não precisava me esforçar muito para perceber.

CAPÍTULO 10

23 de maio – domingo

Oficialmente, já tinha passado da meia-noite e eu tinha realmente 30 anos. Não havia mais possibilidade de voltar atrás. Esse dia, que eu tanto tive medo e que eu tanto esperei chegar, enfim estava ali e, por mais inesperado que fosse, eu estava muito feliz e na companhia de pessoas excepcionais.

A essa altura, o "parabéns" já tinha acontecido, eu já tinha me emocionado, comido bolo, alguns espetinhos e enchido a barriguinha de cerveja. Eu estava meio bêbada, mas não o suficiente para querer dormir no meio da minha festa de aniversário – como fiz outras vezes. Muito pelo contrário: eu não queria que essa noite acabasse! Fazia algum tempo que eu não conseguia relaxar e que não me divertia tanto.

Depois da minha comemoração, no entanto, em função do horário reduzido de funcionamento dos bares, o boteco em que estávamos resolveu fechar. Mas nós, as pessoas bêbadas sem limites, resolvemos continuar bebendo. Juntamos a galera conhecida e resolvemos ir para um posto.

Como meu papo com o Yuri rendeu bastante, Becca dividiu o povo nos carros e me colocou no carro dele. Continuamos a conversa muito entusiasmados.

Quando chegamos no posto, Becca, que tinha ido no carro do ex, já estava devidamente abrigada e entrosada com as pessoas que ela conhecia. Eu me sentia um pouco deslocada e com muito frio. Ela percebeu e falou para eu me sentar no banco de trás do carro de Yuri, que estava aberto, com o som ligado.

Minha parceira me olhou e perguntou:

— Quem você quer? Já descobri que o Yuri e o Leandro querem você. Inclusive, o Leandro quer muito. Mas saiba que ele é problema. Vai acontecer hoje e aí não crie mais expectativas. A amante dele saiu muito chateada do boteco, mas não sei se por acaso ela vai voltar.

Eu pensei por meio segundo. O álcool me fez considerar a possibilidade de fazer uma merda muito grande. Mas, ainda bem, mais uma vez, consegui pensar com carinho na minha sanidade mental e escolhi o bom moço. Sem dúvidas, eu iria passar meus 30 anos com um cara bacana e não com mais um babaca na lista.

Ela se animou e foi falar com ele.

Sem nem pensar, ele veio até mim e disse:

— A Becca disse que você queria falar comigo. Está tudo bem? Você parece estar com frio.

Olhei para os seus cabelos grisalhos, seu sorriso perfeito e sua bondade escancarada e não pensei duas vezes: puxei-o para dar um beijo.

Ele pareceu bastante surpreso. Olhou-me por alguns segundos e, então, retribuiu.

***

O clima no posto já era de final de festa, mas para nós, festeiros de plantão e trancados em casa por tempo demais, a única preocupação era o que comprar e onde iríamos beber.

Decidimos passar em algumas adegas para comprar cerveja e cigarro e ir direto para a casa de Becca, que estava vazia naquele final de semana.

Eu e Yuri, entre beijos quentes e algumas risadas, ficamos responsáveis por levar todo álcool do final da festa. Fomos em uma adega ali por perto e, como estava chovendo, ele se ofereceu para ir sozinho no caixa. Eu entreguei meu celular a ele para que pudesse pagar. Coloquei a minha digital para que o pagamento pudesse ser feito por aproximação.

Depois de algumas tentativas falhadas, porém, tive que descer para finalizar o processo. Cervejas, cigarros e – sabe Deus por que –, um saco de gelo já estavam conosco e, em pouco tempo, já estávamos com todo mundo novamente.

CAPÍTULO 11

Na garagem, colocamos uma música para tocar e ficamos dando risada e bebendo.

Eu não conseguia desgrudar de Yuri. O beijo dele era uma delícia e seu abraço muito quente e confortável. Ele olhava frequentemente no fundo dos meus olhos e dizia: *"Você é diferente, né?"*. Eu apenas ria e o beijava novamente.

Ficamos nessa ladainha romântica por um bom tempo. Leandro (o conhecido gatíssimo e casado), que também foi para o *after*, a certa altura da noite tirou sarro de Yuri:

— Quem diria, hein! Yuri todo quietinho, nunca imaginava que iria se dar bem esta noite!

Não estávamos ligando para nada disso, mas confesso que essa frase me fez agradecer por não ter escolhido o babaca casado. *Ponto para a Mari!!* Fiquei orgulhosa de mim. A maturidade emocional parecia, finalmente, ter chegado.

***

A cerveja da noite toda bateu e eu e Yuri não conseguíamos mais nos comportar normalmente no meio de outras pessoas sem parecermos dois tarados. Becca veio, discretamente, avisar-nos de que o quarto dela era todo nosso e que poderíamos sumir a qualquer momento.

Ela estava tentando se acertar com o ex-namorado, que estava se fazendo de vítima por tê-la visto beijar outro cara no boteco. Eu, porém, como conhecia a história dos dois, estava, inclusive, pegando raiva do garoto. Ele não era esse santo que estava se mostrando e, sinceramente, ele bem que merecia o que ela tinha feito.

Yuri e eu resolvemos subir para o quarto.

Achei estranho que, quando chegamos, ele ficou espantado de saber que aquele era o quarto dela. Becca me contou que morava naquela casa há muitos anos e que a amizade dela e do Yuri vinha de mais tempo ainda. Pensei que ele tinha que conhecer o lugar, mas, afinal, meus melhores amigos – amigos mesmo – também não conheciam as minhas intimidades nesse ponto. Pensamento besta.

Finalmente, não havia mais ninguém para atrapalhar o nosso tesão e, em poucos minutos, estávamos pelados.

Lembro de tirar alguns bichinhos de pelúcia de cima da cama dela, mas a vontade que eu estava de transar não foi capaz de tirar tudo.

Yuri fazia tudo o que eu gostava. O nosso beijo encaixou, a sua pegada era incrível e a nossa conexão foi instantânea. Ele falava exatamente as coisas que eu curtia ouvir e eu perdi a conta de quantas vezes ele me disse aquela frase que me marcou tanto: *"Você é diferente, né?"*.

O que lembro muito bem nessa noite em específico foi perceber que estávamos transando sem camisinha. Cheguei a pensar em avisá-lo, porém eu estava bêbada demais e com tesão demais para cortar o clima.

Fazia muito tempo que eu não era inconsequente nesse ponto, mas pensei no meu aniversário, na comemoração que eu estava fazendo, celebrando a minha vida, e concluí que isso era um presente que eu estava me dando. Nada de ruim iria acontecer. Afinal, se eu cheguei aos 30 anos sem nunca ter nem passado perto de engravidar, mesmo depois de ter feito tanta besteira nessa vida, com certeza não ia ser agora que isso ia acontecer.

***

Yuri não ficou para dormir. Já eram quase cinco horas da manhã, mas ele disse que precisava amanhecer em casa. Era domingo, eu tentei persuadi-lo de alguma forma, pois queria ficar mais tempo com ele, porém não tinha forças para discutir. Minha noite tinha sido perfeita demais para terminar sendo uma mala sem alça.

Dormi profundamente assim que ele deixou o quarto e só acordei depois de algumas horas.

***

Acordei com a luz do sol me queimando. O quarto de Becca não tinha cortinas e isso me fez despertar mais cedo do que eu esperava.

Levantei, tomei banho e coloquei uma roupa. Olhei-me no espelho e gostei do que vi. Eu me sentia linda e, finalmente, feliz comigo mesma.

Estava na casa de uma pessoa que eu jamais imaginei ter um lugar tão importante na minha vida e, enfim, meus 30 anos haviam chegado. Eu trabalhava em uma multinacional, estava em um cargo de gerência, meus amigos eram maravilhosos, minha conta bancária estava indo de vento em popa e eu só me envolvia com caras maravilhosos, que me tratavam com respeito e me proporcionavam momentos incríveis.

Minha vida sexual nunca esteve tão aflorada e tão bem resolvida. Eu me sentia com energia suficiente para correr uma maratona e, mais uma vez, estava planejando sair do Brasil. Dessa vez, se possível, em definitivo.

Tudo estava dando certo e eu não podia estar mais feliz.

Claro que eu andava tendo crises de ansiedade no trabalho, mas quem não tinha, não é mesmo?

Quando tive a minha primeira crise fiquei bem assustada com toda situação. Escutar a enfermeira falando que meus sintomas condiziam com uma crise como essa era bizarro. Quando contei para algumas pessoas fiquei mais espantada ainda de saber da quantidade de gente, no meu ambiente de trabalho, que sobrevivia à base de remédios de tarja preta, pois isso era, segundo eles, normal para conseguir trabalhar.

Na minha cabeça, eu era muito nova para ter esse tipo de transtorno e estafa mental de trabalho não poderia ser normalizada dessa forma. Era absurdo. Recusei todas as idas ao hospital que me recomendaram, pois ir significava que meu trabalho poderia acumular mais ainda do que já estava – o que, afinal, era o motivo de eu ter ido parar na enfermaria em primeiro lugar.

Algumas pessoas, inclusive as enfermeiras, diziam que essas crises eram efeito colateral da Covid. Eu testei positivo para o vírus uns seis meses antes e, por isso mesmo, fiquei isolada em um quarto do hotel por dezessete dias.

Eu tinha acabado de assumir o cargo de gerente e meu novo assistente tinha chegado havia dois dias. Eu me sentia culpada por deixar tudo na mão da minha equipe e não estar lá para ajudar a resolver os problemas. Sincronizei o e-mail do computador no meu celular e não parei de trabalhar um dia sequer. Se não bastasse ficar afastada do escritório por mais de quinze dias, nesse meio tempo tivemos auditoria interna e eu, como responsável do setor, não consegui estar lá fisicamente para poder justificar quaisquer divergências.

Eu sei que deveria focar em cuidar apenas da minha saúde, mas a culpa de ter pegado essa doença abominável em ambiente de trabalho me deixou bem abalada.

Eu comecei a ter sintomas depois de quase uma semana de isolamento. Perdi o olfato e o paladar por uma semana e tive um dia de cansaço muito intenso. Quando isso ocorreu, recorri ao pior inimigo das pessoas doentes: o Google.

Os prognósticos de pessoas com sintomas leves como os meus não eram promissores. Eu li relatos de pessoas que estavam havia nove meses sem recuperar o olfato e o paladar ou que, de uma hora para outra, pioraram muito e foram a óbito. Era tudo muito incerto e tenso. Cada dia que passava eu me sentia mais agoniada.

Apesar de ter acabado tudo bem e eu não ter tido contato na época com pessoas muito próximas que tiveram sintomas graves da doença, aparentemente esse tempo me trouxe consequências psicológicas que eu esperava que fossem reversíveis em curto prazo.

CAPÍTULO 12

Desci as escadas da casa de Becca e descobri um casal de ex-namorados nos braços um do outro dando risadas como se nada tivesse acontecido.

Todo mundo estava de bom humor, o que me deixava particularmente feliz. No meu aniversário de 30 anos eu não queria ver ninguém triste!

Fui para a cozinha comer alguma coisa enquanto Becca e o ex/atual colocavam as suas respectivas roupas. Eu estava com sede, mas quando abri a geladeira só vi cerveja e pensei: "Por que não? Afinal, não é todo dia que fazemos 30 anos".

Aparentemente, meu aniversário era desculpa para fazer todas as merdas que eu queria fazer sem ter que me justificar para ninguém.

Passamos o dia falando besteira e rindo juntos. Conheci o irmão e a cunhada da Becca e no final do dia estávamos planejando voltar para o hotel, uma vez que trabalhávamos na segunda-feira cedo. Porém meus planos mudaram totalmente quando Yuri me mandou mensagem dizendo que queria me ver de novo.

Convenci Becca de acordarmos bem cedo no dia seguinte, assim eu podia ficar com o amigo dela mais um pouquinho. Ela riu e concordou comigo.

Ficamos novamente. Dessa vez, sóbrios.

Gosto de ficar com as pessoas nos dois estados para saber se havia sido realmente bom ou se o álcool estava influenciando em meus pensamentos.

Fico muito feliz em dizer que dessa vez eu não me decepcionei. Muito pelo contrário. Ficar com o Yuri sóbria foi tão intenso quanto a noite anterior. A companhia dele me fazia muito bem e eu estava me sentindo com sorte demais para ser verdade. Eu cheguei a quase ficar brava com Becca por não ter me apresentado a ele antes.

A única coisa que me incomodou, novamente, foi a falta da camisinha. Eu tinha que avisá-lo. Eu não tomava remédio e, apesar de ele não ter perguntado, era bom tocar no assunto.

— Então... Foi ótimo! Mas da próxima vez *não esquece* de trazer a camisinha... Sabe, eu não tomo nenhum anticoncepcional.

Senti que a respiração dele parou por alguns segundos. Continuei:

— Não precisa se preocupar, pois eu me controlo bem. Além disso, não tenho interesse nenhum em ser mãe. Inclusive, se um dia – Deus me livre – acontecer, eu vou abortar. Isso é o de menos. Mas estou te dizendo para a gente se atentar apenas, pois espero que essa não seja a última vez, mas também preciso compartilhar a minha realidade com você.

Percebi que ele ficou um pouco preocupado demais com o assunto.

— Você não acha melhor tomar uma pílula do dia seguinte?

— Não precisa, fica tranquilo. Não vai acontecer nada, ok?

***

Eu estou até hoje esperando que essa invencibilidade atrelada aos pedidos do meu aniversário se realize, pois eu não sei de onde eu tirei que transar sem camisinha, quase no período fértil, SEM coito interrompido, não resultaria em uma gravidez.

Um mês depois, eu tinha um resultado positivo na mão e estava histérica.

Claramente, eu não tinha nada sob controle.

CAPÍTULO 13

<u>**17 de junho – quinta-feira**</u>

"Vou ter que avisar o Zé Ruela...", pensei comigo. Na mesma hora, Becca perguntou se eu iria enviar uma mensagem ao Yuri para contar a novidade.

Pior de tudo é que ele não era nem de longe um *Zé Ruela*. Antes fosse, pois então a situação seria mais fácil de resolver. Ou não... Meus pensamentos estavam começando a ficar muito confusos.

Na verdade, eu não queria contar que ele ia ser pai – afinal, eu não tinha intenção nenhuma de ser mãe. Queria apenas avisar da situação e dizer que ela não ia se estender.

***

Eu andava conversando muito com Becca sobre a nossa vida de solteira, o quanto gostávamos, o quanto éramos felizes e livres, e o quanto não gostaríamos que isso tudo acabasse.

Não me lembro muito bem por que, mas entramos no assunto de gravidez algumas vezes. Ela me confidenciou que já havia tido dois abortos: um espontâneo e um com remédio. Esse último não fazia nem um ano e ela havia passado por isso completamente sozinha. Lembro-me de não conseguir me imaginar passando por uma situação dessas: *"Se um dia isso acontecer comigo, pelo menos eu sei que tenho você pra me ajudar!"*, falei em tom de brincadeira. Ela concordou comigo e disse que com certeza estaria do meu lado.

Eu falava em aborto como se fosse algo simples e fácil de resolver. Parecia simples, realmente. Pelas conversas que tive com Becca – e essa era a primeira vez que eu estava tendo contato com isso – não foi fácil para ela. Doeu muito, ela teve medo, mas ela estava ali para contar a história, sabe? Além disso, ela não estava arrependida. Ela tinha certeza absoluta de que escolher a vida dela antes de qualquer coisa foi a coisa certa a ser feita. Eu concordava plenamente e a admirava ainda mais por isso.

É preciso coragem para tomar uma decisão dessas, mas eu tinha certeza de que se acontecesse comigo eu não teria uma reação diferente da dela.

Até eu estar vivenciando a possibilidade real de isso acontecer comigo e com o meu corpo. Não menos importante também, com a vida que eu estava gerando.

Mandei a mensagem.

«Oi, preciso falar com você».

«Oi, pode falar».

«Seguinte, fiz um teste de gravidez. Deu positivo».

«Putz... E agora? ».

«Agora eu vou tirar. Só mandei mensagem, pois achei que você deveria saber».

«Nossa, ainda te falei aquele dia pra você tomar a pílula do dia seguinte, né...».

«Te agradeceria se você pudesse não apontar o dedo pra mim, pois já estou me sentindo suficientemente culpada. Você também não fez questão da camisinha e eu não estou aqui dizendo que a culpa é sua. A cagada foi dos dois».

«Eu entendo e desculpe, não foi isso que quis dizer».

Mas foi isso que ele disse.

Essa foi a primeira vez que me senti uma merda por estar nessa situação.

Tudo poderia ter sido resolvido com uma pílula do dia seguinte (*ou com uma camisinha... Mas quem está aqui apontando o dedo pra quem, né?*). E pensar que eu não tomei porque não queria bagunçar meu ciclo menstrual nem ter aquela bomba de hormônios circulando no meu organismo. *Parabéns, Mari.*

***

De noite, eu já estava cansada de tanto pensar em tudo o que tinha para acontecer. Fui deitar cedo e resolvi colocar uma série para não pensar na minha situação.

Não sei se foi apenas azar ou se ironia do destino, mas eu estava acompanhando a série *Sense 8* naquela semana. Bem nesse dia, que eu não queria pensar no fato de estar grávida, o episódio que estava na sequência para eu ver era justamente aquele que mostra o parto de todos os personagens. As cenas são bem grotescas e mostram bem a hora do nascimento de cada um deles. Eu fiquei apavorada por pensar em passar por isso e ver meu corpo esticando daquele jeito.

Instintivamente, no entanto, eu coloquei a mão na minha barriga e conversei com o feto. Foi uma conversa banal, tranquila. A primeira conversa que tive. Eu provavelmente disse alguma besteira e contei alguma piada. Acabei adormecendo naquela posição, com a mão protegendo o bebê.

A nossa mente é muito louca.

É difícil tentar compreender alguns raciocínios. Passei o dia todo rejeitando a ideia e à noite acontece isso. Eu, que sempre tentei racionalizar todos os meus sentimentos, a partir desse dia eu sentia que ia ficar de mãos atadas – se não pirasse de vez –, tentando compreender tudo o que eu ia passar.

CAPÍTULO 14

Eu estava em uma *vibe* toda saudável e *planet friendly*, tentando ao máximo evitar comer carnes, entupindo-me de salada e comidas saudáveis, usando coletor menstrual há um ano (deixando, portanto, de consumir absorventes há um ano), usando *ecopads* (uma substituição do algodão), usando shampoo e condicionador em barra (para reduzir o consumo de plástico) e sem entupir meu corpo de hormônios, como havia feito durante os onze anos anteriores, com o uso da pílula anticoncepcional.

Em contrapartida, eu estava drogando meu organismo de outras formas. Voltei a fumar muito e a beber mais ainda. Tinha quase uma crise de ansiedade por semana e tinha várias estafas mentais por conta da pressão do trabalho. Para aliviar toda essa tensão, eu aproveitava a minha vida de solteira como nunca, transando com todo mundo que eu queria, do jeito que eu me sentia bem, muitas vezes com mais de uma pessoa ao mesmo tempo.

Eu sempre usava camisinha. Apenas uma vez ou outra tinha me esquecido.

Infelizmente, aprendi da pior forma que uma vez – apenas uma – era suficiente para tirar meu sono.

18 de junho – sexta-feira

Acordei com muito enjoo e dor nos seios. "É psicológico. Só pode. Antes estava tudo bem. Agora que o positivo foi confirmado os sintomas apareceram?", pensei.

A dor nos seios já estava um pouco presente, mas eu achava que era porque a minha menstruação iria descer em breve. Assim que soube que era gravidez, porém, ela ficou três vezes mais forte.

É psicológico, não tinha dúvidas.

Cheiros começaram a me incomodar e a fome diminuiu vertiginosamente. O cigarro e o álcool estavam se tornando intragáveis também. Até o meu café sagrado de todos os dias estava com gosto estranho.

Fiquei com medo de começar a vomitar e passar mal. Os sintomas podem ser psicológicos, mas um vômito é bem real e difícil de disfarçar. E eu *precisava* disfarçar. Não queria que ninguém soubesse da minha gravidez, mas também não queria ser isolada novamente por estar com sintomas suspeitos – que podiam muito bem ser interpretados como Covid.

***

Pandemia de coronavírus no mundo e surto de Norovírus (um vírus que se espalha rapidamente em hotéis, navios e shoppings centers e causa vômito e diarreia) no hotel.

Os protocolos de higiene e segurança estavam deixando todos nós à beira da loucura. Passávamos o dia bêbados por conta da quantidade de álcool gel que usávamos e éramos orientados a não esconder nenhum sintoma fora do normal. A temperatura corporal era medida e registrada todos os dias na enfermaria do hotel. Era uma obrigatoriedade.

Qualquer sintoma – e a essa altura do campeonato até coceira nos olhos era considerado sintoma – o funcionário era orientado a informar ao gerente e cumprir o isolamento social dentro de um quarto por, no mínimo, três dias: para evitar a transmissão de Norovírus, se fosse o caso. Após esse período havia a obrigatoriedade do teste do PCR para descartar a possibilidade de Coronavírus. Apenas com um resultado negativo o funcionário era liberado para voltar às atividades – porém com ressalvas. Se algum sintoma persistisse, o teste de PCR era repetido dentro de três dias.

Não preciso nem dizer que se alguém me visse vomitando não ia interessar o motivo: eu seria isolada e cumpriria o protocolo.

Eu não queria contar a ninguém sobre a minha gravidez, pois eu não pretendia continuar grávida, mas eu ainda não conseguia pensar direito sobre o assunto.

Porém, ser isolada e enfiar aquele troço no nariz de novo estava fora de questão, ainda mais sabendo que o motivo do vômito era um futuro *baby* e não um maldito vírus. Alguém com poder de persuasão e voto de minerva suficiente teria que me acobertar caso isso acontecesse.

Por isso mesmo, resolvi que a minha chefe tinha que saber da minha situação. Além de saber que ela iria me ajudar, contei a ela por um segundo motivo: Viviane me conhecia bem o suficiente para saber que o maior pavor da minha vida era engravidar um dia. Portanto, na situação que eu me encontrava, um certo nível de distração e desatenção da minha parte, enquanto eu processava e resolvia tudo, teria que ser esperado.

CAPÍTULO 15

Entrei na sala dela e pedi para conversar. Ela já ficou um pouco preocupada demais e me atendeu prontamente.

Minha voz saiu embargada e comecei a chorar antes de terminar de falar. Inclusive, tive que tirar a máscara para secar meu rosto. Assim como eu esperava, Vivi foi extremamente compreensiva e, quebrando todos os protocolos de distanciamento social, pediu para me dar um abraço bem apertado. Ela me apoiou em tudo e disse que estaria ao meu lado para o que eu precisasse. Disse que sabia o quanto eu não queria isso, mas que era para eu respirar, pois tudo ia ficar bem.

Foi nessa conversa, no entanto, que pela primeira vez me deparei com o outro lado da moeda.

Ao passo que o maior pavor da minha vida era ser mãe, o maior sonho da vida dela era esse. Ela tinha quase 40 anos e tinha desistido havia pouco tempo de ser mãe, depois de inúmeras tentativas frustradas. Ela não se conteve em me abraçar e ficar feliz por mim. Disse até que se eu quisesse podia dar o bebê para ela quando ele nascesse que ela seria a mulher mais feliz do mundo.

Era a segunda pessoa que me oferecia isso. Era uma sensação estranha. Eu sabia que talvez Liam estivesse falando na empolgação do momento, mas eu sabia que Viviane falava muito sério. Ela não ia brincar com isso.

Apesar de ela saber que eu não queria manter – eu falei essas palavras explicitamente, Vivi me pediu que eu tirasse pelo menos o final de semana para pensar. Era sexta-feira e eu achei o pedido razoável. Eu sempre tive mania de resolver tudo de forma imediatista.

Dessa vez, ia pesquisar com calma o que eu ia fazer e como. Afinal, eu tinha esse direito.

Antes dessa semana, a ideia de um aborto ou de ter um filho era tudo muito abstrato. Contudo vivenciar isso, sentir os enjoos (que não eram apenas matinais) e as dores no seio, saber que tinha uma vida crescendo dentro de mim, que havia coisas que eu não podia comer ou fazer, fez com que a situação fosse real demais para eu conseguir lidar.

Vivi passou a cuidar de mim o dia todo, perguntando se eu havia comido direito, proibindo-me de carregar peso, orientando-me a ir descansar quando precisasse... Eu não queria ter esse tratamento diferenciado, mas eu sabia que ela ia cuidar de mim como uma mãe, literalmente.

CAPÍTULO 16

Essa sexta-feira eu tirei para pensar em todas as possibilidades. Inclusive, continuar com a gravidez.

Como seria gerar uma vida? Será que eu conseguiria continuar mais oito meses, pelo menos, naquele trabalho, que me sugava e me estressava tanto, apenas para garantir uma renda mensal? Como será que os meus colegas passariam a me tratar? Será que alguém iria achar ruim? Ou as pessoas iriam olhar para mim com outros olhos?

Eu tinha um médico maravilhoso, o Dr. Fúlvio, que iria adorar fazer meu pré-natal. Eu sentia que seria muito mimada por todos e viveria coisas que nunca pensei em viver. Talvez recebesse afeto e ganhasse o respeito de algumas pessoas que jamais imaginei. Talvez eu fosse poupada de algumas tarefas chatas por estar grávida. Alguma vantagem isso teria, afinal.

Pensei nas possíveis datas em que eu teria a Halila.

O nome pegou desde as primeiras piadas de Liam. Havia algumas horas do meu dia em que eu tentava ver a situação com bom humor, até para deixar tudo mais leve, e ter dado um nome ajudou. Em certo momento, entre uma taça de vinho e outra, Liam resolveu procurar o significado do nome que ele havia inventado. Eu achava que não havia nenhum, mas curiosamente tinha: *rightful wife* – ou, em português bem-dito: *Esposa correta*. Tudo o que ele sonhava em ser na vida!

Rimos muito me imaginando, doida do jeito que era, sem vontade nenhuma de casar, criando uma criança com um nome que trazia esse significado. Só podia ser piada.

O nascimento seria final de fevereiro ou início de março. Bem quando o hotel mais precisa dos funcionários, por ser período de férias, eu estaria de licença maternidade. Senti-me um pouco mal, mas quanto antes eles soubessem, antes poderiam se preparar para a minha substituição.

Um pensamento, porém, incomodava-me muito: eu iria engordar. Talvez muito. Talvez eu ficasse irreconhecível, inchada e com dor nos pés. Talvez eu não gostasse mais de me olhar no espelho. Talvez em algum momento eu me sentisse cansada demais para subir e descer as escadas do trabalho – coisa que eu fazia o dia todo.

Bem nessa minha fase em que eu estava aproveitando a minha vida de solteira, que eu tinha vários contatinhos, que eu me sentia bem com o meu corpo, de repente, eu sabia que não seria mais atraente para nenhum deles.

Pior ainda! Se eu soltasse a notícia de que estava grávida, com certeza teria uns dois ou três que iriam bater na minha porta para saber se eram possíveis pais. Tinha, inclusive, um cara da cozinha que tinha chegado havia pouco tempo e eu tinha curtido muito ficar com ele. Eu queria de novo, mas tinha certeza de que uma gravidez seria motivo suficiente para ele não querer mais.

Por um lado, eu ficava tranquila de saber que eu não tinha dúvidas sobre o pai. Eu estava de umas quatro semanas, portanto, sem dúvidas, era o Yuri. Por outro, aceitar estar grávida me causava pânico por todo ônus com o meu corpo e com a minha vida de liberdades.

Eu dividia todos esses medos com a Becca, que me acalmava como podia. Ela dizia que tinha contatos de pessoas que vendiam o tal remédio e que assim que eu quisesse a gente iria resolver isso. Eu mantinha isso como plano A, mas estava me dando o direito de pensar em tudo antes de decidir qualquer coisa.

À noite, porém, fui contar ao Liam e à Becca que tive que falar com a Vivi sobre a minha situação. Comentei que para ela foi difícil de escutar que não quero manter, pois o sonho dela era estar na minha situação. Becca se revoltou um pouco com o comentário e disse que isso era a vida dela e eu tinha que pensar na minha. Além disso, disse que tinha uma boa notícia. Ela tinha conseguido o remédio e que assim que eu quisesse podia pagar e ele chegava em dois dias.

Eu fiquei quieta e Liam me olhou, incomodado. Ele percebeu que o tema não me agradou. Eu resolvi mudar de assunto e perguntar a ela como estava o Yuri, afinal, eu não tinha falado com ele depois daquelas mensagens.

Ela me confessou que ele estava surtando. Surtando muito. Ela tentava acalmá-lo também, assim como fazia comigo. Era bom ter alguém de ponte entre nós, pois claramente eu e ele não estávamos sabendo lidar direito com a situação. O que me incomodou muito, no entanto, foi quando ela me mostrou umas conversas dos dois, combinando onde pegar o remédio e quanto custava. Disse que eu podia ficar tranquila que isso ia se resolver rápido.

Me senti mal e um pouco... sei lá, traída.

Ela comemorava o fato de ter o remédio e a sensação que eu tive era de que os dois tinham passado por cima da minha vontade e se adiantado para "resolver" a situação.

Fiquei mal mesmo. Dividi isso com o Liam e ele me orientou a conversar com a Becca, afinal, com certeza, ela não tinha feito isso por mal, ela só estava tentando me ajudar como podia, mas que era perfeitamente normal eu querer considerar as minhas possibilidades e eles tinham que respeitar o meu tempo de decisão.

Mais tarde mandei uma mensagem para ela dizendo o que eu estava sentindo. Era tudo muito ambíguo, eu não conseguia explicar direito. Apenas, que eu queria que essa decisão partisse de mim e que eu estivesse em paz com isso - e, naquele momento, era muito óbvio que eu ainda não estava.

CAPÍTULO 17

19 de junho – sábado

Eu tinha muito medo de tomar esse remédio. Comecei a pesquisar sobre a dosagem, como tinha que ser tomado, quais os efeitos colaterais, o que podia ou não acontecer comigo, e quase não dormi direito. Acordei um caco para trabalhar no sábado.

Por ser um procedimento ilegal, eu sabia que havia riscos e eu não tinha a quem recorrer se alguma coisa desse errado. Pensei em conversar com o Dr. Fúlvio para saber se ele não podia me ajudar, mas Becca me lembrou de que ele se formou na faculdade com o objetivo de trazer vidas ao mundo e não acabar com elas. Eu sentia que não tinha alguma autoridade para contar. Eu estava por conta e risco e isso me preocupava muito.

No dia em que recebi o resultado do exame, eu encaminhei ao doutor. Ele me deu parabéns e marcou uma consulta para mim na segunda-feira. Eu não sei como estaria nessa consulta. Não sabia se queria ver o feto de verdade. Acho que ainda era cedo para escutar o coração, mas, se desse, qual seria a minha reação? Muitas pessoas dizem que é emocionante.

E aí, se eu resolvo que quero tirar e na consulta me emociono com isso, o que eu faço? Mudo de ideia e me sinto culpada o resto da vida por ter pensado em tirar? Será que esses dias, esse final de semana em específico, teria algum efeito na formação do feto? Dizem que os primeiros pensamentos da mãe podem influenciar, sim, na formação da psique do bebê. Mas até que ponto isso era verdade? Até que ponto eu me sentiria culpada por trazer um ser humano problemático ao mundo?

***

Becca demorou para responder à mensagem. Achei que ela tinha ficado chateada comigo. Porém ela nunca parava de me surpreender. Ela me respondeu, assim que acordou, que não tinha percebido que eu estava me sentindo assim, que eu tinha todo o direito de considerar as possibilidades e que qualquer coisa que eu decidisse, ela estaria lá. Becca entendeu que eu precisava de um tempo sozinha para absorver toda a situação.

Fiquei mais aliviada.

Quanto a Yuri, eu estava utilizando um nível a mais de grosseria para falar com ele. Eu não sabia o porquê, mas estava irritada demais para responder para ele. Digamos que eu mandei para ele a mesma coisa que mandei para Becca, porém com palavras mais duras. Disse a ele que ele estava tratando a situação como um "boleto" a ser pago e que isso estava me fazendo mal.

Eu dividi com ele que estava me dando alguns dias para pensar em tudo e o que me incomodou na resposta dele foi que ele disse que eu tinha que "me manter no plano original", pois, para ele, ser pai não era uma opção.

Senti uma revolta muito grande.

Sei que era injusto meu sentimento por ele, afinal, desde o início, desde que ficamos a primeira vez, eu fui a pessoa que trouxe isso à tona. Fui eu que não considerei a possibilidade de ter em primeiro lugar. E agora, que ele estava "decidindo" isso sozinho, eu me revoltava. Era como se só eu tivesse o direito de pensar em como lidar com isso, o que, em grande parte, não deixava de ser verdade. Mas, naquele momento, o meu problema foi não ter considerado que ele estava sem chão também, e não que ele estava sendo prático e insensível – como eu sentia.

A verdade é que eu tive zero empatia por ele nesses dias. Eu só conseguia pensar em mim, no meu enjoo, na minha dor no seio, na minha vida que iria mudar, em todo o impacto que eu iria causar na minha família e na forma como as outras pessoas iriam me enxergar. Eu não conseguia pensar nele e nas prioridades dele. Não tinha espaço para isso.

Além dele, um colega do hotel havia acordado com a intenção de me irritar. Não eram nem dez horas da manhã e eu já estava espumando de ódio por causa dos dois. Como se não bastasse isso, algum fornecedor havia atrasado e teríamos que ir buscar algum item no mercado local para que a cozinha pudesse funcionar bem no final de semana.

Eu não me lembrava de qual tinha sido a última vez que fiquei com tanta raiva no trabalho. Vivi estava de folga, mas a enchi de mensagens, dizendo que eu queria ir embora, que estava com raiva de todo mundo e que não aguentava mais aquele lugar. *Não era possível que os hormônios da gravidez estivessem me deixando tão louca em tão pouco tempo.* Eu não estava sabendo lidar com essa realidade, nunca tive mudanças tão abruptas de humor.

Ela me respondeu dizendo para me acalmar e que tudo iria ficar bem. Ela sempre teve muita paciência comigo, mas nesses dias em especial, eu sabia que ela estava sendo mais cautelosa. Informei que iria passar o dia fora e ela concordou comigo.

Ao mesmo tempo, surpreendi-me com Yuri. Depois de várias patadas desnecessárias que dei nele, ele se ofereceu para me ver. Percebeu que eu não estava bem e disse que se eu quisesse era só falar que ele iria me encontrar onde eu estivesse.

Resolvi aceitar, afinal, ele tinha grande peso em tudo isso e merecíamos um tempo para podermos falar sobre o assunto.

CAPÍTULO 18

Depois do meu aniversário, eu e Yuri mantivemos contato quase diariamente. Conversávamos direto e nos vimos novamente umas duas semanas depois.

Eu tinha receio de estar me apaixonando por ele, mas, ao mesmo tempo, sentia falta de gostar de alguém. Ainda mais, alguém decente.

Becca insistia que eu estava caindo na lábia dele. Em tom de brincadeira, vivia reforçando que ele não valia nem uma paçoca, assim como a gente. Entretanto, por algum motivo, eu sabia que isso não era verdade. Ele era, sim, um cara decente, mas talvez fosse um pouco cedo demais para eu me envolver com alguém que eu tinha acabado de conhecer. Além disso, estávamos no auge da nossa vida de solteira. A gente não podia namorar, estava tudo muito bom do jeito que estava.

Becca se divertia com as nossas mensagens melosas um para o outro e fazia questão de reforçar, tanto para mim quanto para o Yuri, que estávamos os dois caindo em um golpe. As risadas sempre eram garantidas, mas ela não me perdoou quando deletei o *Tinder* do meu celular só porque ele se fez de vítima quando soube que eu ainda usava. Disse que enganá-lo me fazendo de santa era uma coisa, mas me livrar de todos os contatinhos era radical demais.

Todo dia era uma diversão diferente com relação ao assunto.

***

Cheguei no shopping bem mais cedo que o Yuri e fui dar uma volta para espairecer. Entrei na minha loja favorita para escolher um presente para mim: a livraria. Escolhi um livro cujo título parecia combinar com o momento presente: *Talvez você devesse conversar com alguém*. Eu sei que precisava. Era por isso que eu estava ali.

Assim que cheguei no caixa recebi uma mensagem de Yuri dizendo que tinha chegado e fui encontrá-lo na praça de alimentação.

Ele parecia diferente. Eu não sabia se teria que abraçá-lo, apesar de não estar com vontade. A minha irritação ainda era muito presente. Quase palpável, eu diria. Fiquei de longe pensando um pouco até que ele me viu e levantou. Sem pensar, puxou-me para um abraço, mas eu me senti um pouco desconfortável e me afastei logo.

Sugeri para irmos em um café que eu conhecia ali perto e fomos andando. Fiz questão de ficar longe o suficiente para ele entender que eu não queria ser tocada naquele dia. Eu estava me sentindo diferente. Nós estávamos no maior *love* três dias antes. As vezes em que o vi eu não conseguia ficar longe, não conseguia não o abraçar. Mas naquele momento eu sentia repulsa. Não era dele, não era de mim. Era da situação.

Na minha cabeça era como se eu e ele tivéssemos feito algo abominável juntos e agora eu não sabia como existir no mesmo ambiente que ele. Eu me sentia triste por isso, mas não conseguia me sentir diferente.

CAPÍTULO 19

— Você quer um café? Um suco? Água?

— Pode ser um suco de acerola sem açúcar.

Eu geralmente não deixo ninguém pagar nada para mim, nem um suco. Mas nesse dia em particular, eu não estava nem aí se estava abusando da boa vontade de Yuri. Eu sentia que estava com raiva dele e me sentia mal por isso. Eu respirava fundo para não o tratar mal, pois no fundo eu sabia que ele não merecia nada disso, mas eu sou péssima em disfarçar as coisas que me incomodam.

Além disso, vendo-o ali, na minha frente, e sabendo que ele tinha ido para conversar comigo, para me escutar, eu sentia que não ia conseguir falar nada. Tinha um grande nó na minha garganta e eu sabia que se começasse a falar alguma coisa, não ia sair meia palavra e eu ia chorar compulsivamente. Eu já tinha chorado de raiva de manhã. Por diversos motivos diferentes. Para começar de novo não precisava de muito.

Eu olhava para ele e não conseguia encontrar nenhum motivo para ter ficado com ele. Ele não era o tipo de cara que eu gostava, era bonzinho demais e se preocupava demais comigo para prender a minha atenção. Além disso, naquele momento, a nossa maior diferença, que inicialmente eu relevei deliberadamente, parece que piscava em *neon* acima de nós dois: as nossas crenças políticas totalmente contrárias. Eu simplesmente não conseguia entender por que eu tinha ficado com ele, mesmo sabendo que o pensamento dele era aquele.

Em outros momentos, nós conversamos sem problemas sobre isso, mas agora isso parecia uma falta grave da minha parte, como se eu tivesse cometido uma grande traição comigo mesma.

Todos os meus sentimentos e as minhas emoções estavam exponencialmente mais aflorados. Eu sentia tudo de forma muito intensa e não sabia como lidar com o tamanho disso.

Como era de se esperar de um cara tão legal e tão atencioso, ele percebeu que eu não me sentia bem de estar ali e resolveu falar. Assim, eu podia apenas escutar e absorver, e talvez isso ajudasse.

— Mari, preciso começar falando que te acho uma pessoa incrível e que eu fico muito feliz de ter te conhecido. Não consigo pensar em arrependimento de nada, apesar de estarmos aqui hoje para resolvermos um assunto muito sério. Sei que nós dois tivemos a nossa parcela de culpa, mas não quero que a gente foque nisso hoje. O que passou, passou, já aconteceu, agora a gente tem que olhar para frente e aprender com tudo isso. Me sinto lisonjeado até de estar passando por isso com uma pessoa tão legal e tão cabeça como você. Sei que para qualquer outra mulher talvez fosse uma experiência mais traumática, mas como eu sempre disse, *você é diferente*. Eu sei que você é bacana, íntegra, e que vamos resolver isso da melhor forma. Eu vim aqui hoje para te dizer que eu vou estar do seu lado o tempo todo, em tudo o que você precisar, *tudo mesmo*. Não tenha dúvidas disso.

O discurso dele se alongou por bastante tempo. Eu não tinha nenhum motivo para encontrar defeitos no que ele dizia. Era tudo incrível demais para ser verdade e ele era uma pessoa maravilhosa demais para eu conseguir sentir raiva da forma que eu estava sentindo.

Mas eu encontrei dois defeitos. Infelizmente.

O primeiro foi quando ele disse que a nossa situação era muito fácil de *resolver*. Eu estava começando a odiar essa palavra.

Como eu estava de pouco tempo, a chance de o aborto dar certo era muito alta. Além disso, ele estava do meu lado e fazia questão de reforçar isso o tempo todo. *"Quantas mulheres passam por isso sozinhas? Quantos caras fingem que a situação não é com eles e simplesmente fogem da responsabilidade?"*, lembrou-me ele.

Tudo isso era verdade. Mas eu não conseguia admitir que isso era "fácil". Tomar um remédio abortivo, ter efeitos colaterais no MEU corpo e conviver com essa decisão para o resto da vida não me parecia nem um pouco FÁCIL. O que me incomodava muito também era o fato de saber e constatar que o que eu pretendia fazer era um crime. Fazer um aborto no Brasil é crime. E eu tinha muito medo das consequências se alguém descobrisse.

"Poxa vida, ele é advogado. Como ele não se preocupava com isso e conseguia dizer que tudo isso era fácil? Parecia fácil para ele, pois não era ele quem ia tomar o remédio, não era o corpo dele, ele não tinha um útero e não estava carregando uma vida", Isso era tudo o que eu conseguia pensar.

Eu tenho certeza de que essa não foi a intenção dele no momento, mas foi exatamente assim que eu me senti. Não tenho como negar ou voltar atrás. Lamentavelmente. A gente faz o melhor que pode, com os recursos que tem.

O segundo grande defeito foi ele me confidenciar que, um ano antes, uma namorada dele também havia engravidado, mas que ela tinha tido dúvidas quando descobriu, assim como eu, e havia resolvido manter. Porém, no quarto mês, bateu um arrependimento absurdo e ela decidiu tomar o remédio. O que ele tentou me dizer era que se eu esperasse mais seria tudo muito traumático, assim como tinha sido para ela. Ela teve que ir para o hospital e fazer curetagem. Depois disso, muita terapia para lidar com a situação.

Eu escutei toda história e só consegui pensar: "Quer dizer que ele não aprendeu nada com isso? Não fez questão de camisinha mesmo já tendo visto alguém muito próximo passar por isso?".

Não dividi essa opinião com ele. Eu não queria ninguém apontando dedos para mim sobre a pílula do dia seguinte, então não podia me sentir no direito de cobrar isso dele. Mas isso ficou gravado em mim, como se ele não tivesse aprendido a lição da primeira vez. "Por que passar por isso de novo?".

A minha lógica não fazia sentido, mas isso, na minha cabeça, legitimava a culpa maior dele no assunto, como se ele tivesse obrigação de saber que podia dar merda e ter evitado.

Eu estava sendo uma tremenda hipócrita, claro. Eu tinha 30 anos na cara, pelo amor de Deus! Fazer o que fiz, como fiz, e achar que "a fada mágica dos aniversários" iria me proteger de qualquer mal era um absurdo sem tamanho. Mas a minha vontade de entrar em um buraco e me fazer de vítima era muito maior. Meu ego estava ferido. Eu não conseguia admitir para mim mesma o quanto eu tinha sido extremamente irresponsável no dia do meu aniversário de 30 anos.

Antes fosse só nesse dia. A verdade maior era que eu andava sendo irresponsável demais com o meu fígado, meu pulmão e minha saúde mental. Só que era muito duro admitir isso. Eu estava muito triste com a situação em que eu tinha me enfiado e não sabia como sair. Tinha um medo absurdo de olhar para tudo isso e cair em uma depressão ao descobrir a minha decepção comigo mesma.

CAPÍTULO 20

Apesar de estar com raiva, as palavras de Yuri foram me acalmando. Ele pegou na minha mão, olhou bem nos meus olhos, confortou-me e se colocou à disposição.

Aquele aperto no peito que eu estava sentindo diminuiu um pouco e eu comecei a sorrir mais. Senti que em alguns momentos lágrimas apareceram, mas logo essa sensação de tristeza e impotência foi desaparecendo e eu me sentia bem de estar ali com ele.

Ele começou a me perguntar coisas da minha vida e à medida que fui contando ele foi ficando impressionado com o tanto de coisas que eu já havia vivido e com a quantidade de lugares que eu já tinha morado.

Relembrar de tudo me fez bem. Fez-me lembrar de mim mesma e do motivo pelo qual ter um filho, em tal momento da vida, não fazia parte dos meus planos. Ele entendia que eu era livre, que eu tinha muita coisa para conquistar e fazia questão de reforçar o quanto me admirava por tudo isso.

Sou eternamente grata por esse momento e por essa conversa com ele. Talvez, tudo o que precisamos mesmo é conversar com alguém, assim como dizia o título do meu livro. Mas não qualquer pessoa, alguém que realmente esteja disposto a escutar e se interessar pelo que a gente tem para falar. Yuri foi de extrema importância nesse dia.

Depois de horas com o meu celular desligado, só vivendo aquele momento com ele naquele café e relembrando tudo o que eu tinha planejado para minha vida, decidi que não iria mesmo continuar com a gravidez. Não havia espaço para isso na minha vida. Eu morava em um hotel, não tinha uma casa minha, não conseguia ficar mais de seis meses em algum lugar, não tinha estabilidade nenhuma em longo prazo e, não menos importante: não tinha vontade de ser mãe. Era importante constatar isso.

Respiramos aliviados e eu consegui finalmente ficar mais perto dele e, inclusive, andar pelo shopping de mãos dadas com ele.

Tem coisas que acontecem na nossa vida diariamente, mas que não fazem diferença alguma. Há outras, no entanto, que por mais rápidas, imperceptíveis ou bobas que pareçam, marcam-nos para sempre. Essa tarde, sentada no café, com esse cara, está gravada na minha mente com muito carinho. Esse foi um daqueles momentos divisores de águas.

CAPÍTULO 21

Voltei para o hotel me sentindo mais leve e em paz com a minha decisão. Mandei mensagem no grupo das riquíssimas me desculpando pela ausência e solicitando companhia para beber à noite.

No particular, Liam me contou que tinha sido chamado para uma entrevista em Dubai e eu me lembrei de que no dia em que estava voltando do laboratório com a Becca eu havia recebido uma ligação de lá. Acabei não atendendo, pois estava dirigindo, e com tudo o que acontecera desde então não tive nem cabeça para pensar nisso ou para retornar a ligação. Liam me incentivou a mandar uma mensagem pelo menos para perguntar se haviam recebido meu currículo.

Eu não tinha nada a perder, então fiz isso. Talvez só fossem me responder na segunda-feira mesmo, mas eu estava tranquila com tudo, inclusive com a minha decisão. O que viesse a partir de então era lucro. Além disso, se desse tudo certo e eu conseguisse o emprego, era mais um motivo para seguir com a decisão que eu havia tomado. Tudo estava se encaixando.

20 de junho – domingo

Acordei no domingo com uma mensagem da recrutadora de Dubai dizendo que ela havia mesmo tentado me ligar, mas que eu não tinha atendido. Ela queria marcar uma entrevista para segunda-feira, dez horas da manhã.

Fiquei animadíssima e compartilhei a notícia com Liam – que ficou igualmente feliz. A entrevista dele era no mesmo dia, porém duas horas antes da minha. Achei ótimo, assim ele conseguiria me falar como tinha sido e talvez eu conseguisse me preparar melhor.

Eu sentia que tudo estava se ajeitando e que a gravidez tinha sido apenas um susto. Logo a situação iria se resolver. Eu já tinha conversado com a Becca e com o Yuri e combinamos de pagar o remédio na segunda-feira de manhã. De acordo com o nosso contato, ele era enviado por correio e na nossa localização demoraria no máximo dois dias para chegar.

Menos de uma semana e minha vida voltaria ao normal. Eu mal podia acreditar. Eu estava até sorrindo, fazendo piadas e usando figurinhas no *WhatsApp* novamente.

***

As únicas pessoas que sabiam o que estava prestes a fazer eram Yuri, Liam, Becca, Vivi e Bianca. Todos eles me apoiaram e em nenhum momento eu me senti julgada de alguma forma por eles, apesar de saber exatamente como cada um se sentia com relação a isso.

Liam não tinha um útero, mas tinha uma vontade imensa de ser mãe – assim como Vivi. A única diferença era ter realmente um útero. Bia já tinha um filho, tinha vontade de ter mais, mas tem uma amiga que passou pelo mesmo que eu estava passando. A vida é de cada um e ela não me repreendeu em qualquer momento. Conversamos muito e eu sabia que podia contar com ela para qualquer coisa.

Becca já tinha passado por isso, fazia pouco tempo, inclusive. Ela me entendia completamente, sobretudo a falta do sentimento materno na situação, o que me deixava muito confortável e eu não me sentia uma completa estranha por ter ovários e não fazer questão de utilizá-los.

O Yuri... Bom, depois da conversa no shopping eu não tinha dúvidas de que podia contar com ele.

Meu grupo seleto de pessoas que sabiam do meu segredo era pequeno, mas eu realmente tinha sorte demais por tê-los comigo. Não precisava de mais ninguém e eu não pretendia que mais ninguém soubesse mesmo.

CAPÍTULO 22

21 de junho – segunda-feira

— Ai, amiga, acho que me dei mal na entrevista! Eles perguntaram umas coisas que eu não soube responder...

Esse era Liam chegando no meu quarto, oito horas da manhã, para me brifar sobre o que eu poderia esperar da entrevista. Ele estava um pouco desanimado, pois achava que talvez não tivesse conseguido, mas queria que um de nós dois passássemos, então veio me ajudar.

— Eles me perguntaram o que é vinho! Meu deu um branco na hora... Também cometi uma gafe dizendo que tinha um restaurante deles na Argentina, mas a mulher disse que eu tinha me equivocado. Fiquei nervoso, não sei se passei. Mas espero que você passe, amiga. Eram três entrevistadores. Eu falei um pouco de italiano e eles pareceram gostar. Também levei alguns pontos pelo meu currículo, que eles adoraram. Vai dar tudo certo, tá?

Eu estava nervosa. Precisava que a entrevista desse certo para poder provar para mim mesma que eu estava no caminho certo e que tomar o maldito remédio era a única solução.

***

Eu tinha falado para a minha chefe que tinha marcado um horário com a minha psicóloga às nove e meia da manhã e por isso estaria ausente por uma hora naquela manhã. Ela me apoiou totalmente e ficou até feliz que eu estava fazendo isso.

Senti-me péssima.

Eu odiava mentir para a Vivi, ainda mais por tudo o que ela estava fazendo por mim e por todas as vezes em que ela esteve do meu lado, mas não tinha forma fácil de dizer que eu estava procurando outro emprego. Apesar do meu surto no sábado, eu não tinha dado nenhum outro sinal de que sairia em breve. Queira ou não, eu ainda achava que iria demorar um pouco para tudo acontecer de verdade com relação a Dubai e isso me daria um tempo para prepará-la e contratar alguém para o meu lugar.

Eu precisava pensar em mim, na minha vida e na minha saúde mental. Porém não me sentia bem de deixar a minha equipe na mão. Por isso mesmo, eu torcia para ter tempo suficiente para "resolver a minha situação" e preparar meus funcionários para uma possível mudança no setor.

***

Senti que fui bem na entrevista. Também teve algumas coisas que eu não soube responder, mas em geral eles pareceram ter gostado bastante de mim.

Fui trabalhar mais animada.

Na hora do almoço, eu transferi o dinheiro para Becca para pedir o remédio e fui direto para o meu horário no Dr. Fúlvio. Na verdade, eu não queria ir, afinal eu já tinha decidido terminar a gravidez e não havia motivos para ver o médico. Mas em respeito à Vivi, que eu sabia que estava preocupada comigo e que sabia do meu horário agendado, acabei indo. Pensei em não entrar, no entanto achei que não havia motivos para criar expectativas no médico também. Eu precisava ser sincera com ele.

Assim que ele chamou meu nome, entrei na sala e ele me abraçou, como sempre. Entreguei o resultado na mão dele e ele foi enfático:

— Parabéns, Mari! Você está grávida mesmo! E eu estou muito feliz de poder fazer o seu pré-natal!

Começou a digitar no computador e logo depois virou para trás para abrir o armário e pegou umas oito caixas de medicamentos. Continuou falando, animado:

— Este é o ácido fólico. Você vai tomar um por dia. Vou marcar aqui os próximos exames que você vai fazer e aí a gente já vai começando a monitorar tudo...

Nessa hora, ele olhou para mim e viu que eu estava com uma cara diferente. Eu devia estar transparecendo tristeza, ou apenas medo. O fato é que ele sabia que eu não estava bem. Já eu sabia que ia chorar a qualquer momento.

— O que foi, Mari?

— Doutor... Desculpa, mas eu não vou levar os remédios. Eu não pretendo tomar.

Ele parou de escrever e me olhou surpreso. Olhou para os papéis e perguntou:

— Os exames... Você vai querer fazer pelo menos?

Balancei a cabeça negativamente.

Senti um nó formando na minha garganta. O mais complicado foi ver a cara de decepção e de tristeza nele. Não era julgamento. Longe disso. Mas ele estava genuinamente feliz em poder fazer meu pré-natal – e eu acabei com a alegria dele. Eu gostava muito dele e ele de mim, eu sentia. Indiquei várias amigas para irem se consultar com ele e ele me agradecia todas as vezes. Quando elas iam se consultar, ele sempre me mandava um abraço por elas.

Era um médico ginecologista excepcional, como eu nunca tinha conhecido na vida. Humano e profissional, lembrava-me muito a Vivi nesse ponto. Ele me olhou, até um pouco emocionado, e disse:

— É uma pena, Mari. Tem certeza disso?

— Tenho sim. – A voz embargou um pouco demais para o meu gosto. – Eu não tenho condições de ser mãe neste momento. Não tem como. Desculpe.

— Não precisa me pedir desculpa. Você não é a primeira nem vai ser a última mulher que vai se sentar aqui no meu consultório e tomar essa decisão. Infelizmente, eu não posso te ajudar. Mas te peço que assim que resolver fazer qualquer coisa, você volte aqui no consultório para eu ver se você está bem. Me manda mensagem no particular que eu arranjo um horário para você.

— Tá ok. Obrigada! – falei, agradecida e com lágrimas escorrendo pelo rosto.

— Toma muito cuidado onde você vai, tá? Pesquisa bem antes, se informa, para ir em algum lugar de confiança.

Eu não tive coragem de dizer que ia arriscar o remédio, no meu quarto. Apenas concordei e fui embora. Chorei no caminho do elevador e depois fingi que estava tudo bem de novo.

***

No meio da tarde, Becca me passou o número de rastreio do remédio e eu fiquei acompanhando ansiosa.

Decidi que, apesar de ter me sentido a pior pessoa do mundo naquela consulta com o Dr. Fúlvio, precisava tentar viver normalmente nos próximos dias, afinal, em pouco tempo essa história iria acabar e eu nunca mais precisaria pensar em tudo isso.

O pior de tudo era sentir que aquele nó na garganta não se desfazia em momento algum do meu dia. Independentemente do que eu fizesse, eu sentia que enquanto essa situação não se resolvesse a minha vontade de chorar até desidratar não iria passar.

CAPÍTULO 23

23 de junho – quarta-feira

Acordei com várias mensagens do Liam e o *print* de um e-mail que ele havia recebido.

Ele tinha sido aprovado e estava eufórico. Pedia-me para olhar meu e-mail também para ver se por acaso eu também tinha sido.

Antes de conseguir processar toda a informação eu já estava me sentindo enjoada. Eu tentei viver normalmente nesses últimos dois dias, mas a verdade é que eu não conseguia fingir que não estava grávida. Eu estava comendo mal, pois tudo me enjoava, e estava dormindo pior ainda, pois sempre dormi de bruços e agora meus seios não me deixavam dormir.

Achei um absurdo. Se eu quisesse continuar com a gravidez ia ficar mais oito meses com os seios doendo? Isso parecia tortura.

Uma coisa que me incomodava muito também era meu *piercing* do septo. Fazia algumas semanas, bem antes de eu pensar em estar grávida, que o cheiro estava me incomodando. Isso nunca tinha sido um problema, mas agora eu não conseguia ficar mais de dois dias com a joia. Na minha última folga saí para comprar outra para poder trocar e limpava, como sempre, todos os dias, com soro fisiológico.

Nada disso estava adiantando. Isso estava me irritando, pois eu gostava muito do meu *piercing*. Mas agora eu não suportava ficar com ele. Eu andava desconfiada de que podia ser por conta da gravidez e esse era mais um motivo para eu criar uma repulsa maior pela situação.

Antes de levantar da minha cama, abri meu e-mail, nervosa.

O resultado estava lá.

Aprovada!

Dei um pulo e mandei um áudio animadíssima para o Liam!

Estávamos muito empolgados e fui ao quarto dele para podermos pensar melhor no que fazer e como fazer. Chegando lá, contamos para o vizinho dele, que nos abraçou e nos parabenizou, muito feliz por nós também.

E agora? O que faríamos?

Lemos juntos os e-mails. Eles eram iguaizinhos. A única diferença era o lugar de trabalho. Eu iria para o bar e ele para o restaurante. Os documentos estavam todos lá, inclusive o nosso contrato, com salário e moradia.

Não fazíamos ideia de como começar a nos organizar. Não tinha nenhuma data e nenhum voo ainda. Resolvemos, então, mandar uma mensagem para recrutadora. Primeiramente agradecendo por termos sido aprovados. Apesar de Liam ter achado que tinha ido mal e eu ter ido um pouquinho melhor do que ele, nós não esperávamos receber uma resposta tão rápido.

Em um segundo momento da mensagem perguntamos se havia alguma data para qual estava previsto o início do nosso trabalho, uma vez que precisávamos nos organizar. Já estávamos pensando no que falar para os nossos gerentes e em como ajeitar tudo para a nossa saída. Seria difícil nos concentrar no trabalho aquele dia, mas tínhamos que tentar, pois sabíamos que ela podia demorar para responder.

Exceto que ela estava *on-line* e nos respondeu na mesma hora: *nós tínhamos uma semana para estar em Dubai.*

Só consegui pensar: "Agora fodeu de vez!".

CAPÍTULO 24

— Amigo, temos uma semana para estar lá! O que significa que o voo vai ser uns dois dias antes. Temos menos de uma semana para organizar tudo!

— Meu Deus, amiga! Eu preciso ir para casa, preciso vender meu carro. O que eu faço? Amanhã tem aquele almoço com o presidente. Meu chefe pediu que eu começasse de manhã, mas eu tenho tanta coisa para organizar! Estou pensando em ir hoje no RH. O que acha?

— Hoje? Acho que estamos um pouco sem opção, né? Nossa, a Vivi vai ficar arrasada. Não queria que fosse dessa forma.

As emoções que eu estava sentindo eram as mais ambíguas possíveis. Estava muito eufórica por ter conseguido o emprego. Fazia quase dois meses que eu estava com o plano de viajar para lá. Pesquisei em vários lugares sobre quais seriam os países mais fáceis de viajar nessa pandemia, levando em consideração a situação do Brasil, que era péssima. A nossa nacionalidade estava vetada quase no mundo inteiro – menos em Dubai.

Comecei a me visualizar no país. Eu via fotos do Burj Khalifa, imaginava-me naquele calor infernal (apesar de estar um frio desgraçado no Rio) e já pensava em como iria me sentir no avião a caminho de lá.

Eu planejei tudo e convenci Liam a ir comigo. Tentei convencer Becca também, mas a falta do inglês como idioma fez com que ela desanimasse já de primeira. Liam foi se convencendo aos poucos e um belo dia ficou sabendo que uma conhecida tinha ido e viu que o meu plano não era tão irreal assim.

Parecia destino mesmo. Tudo estava se encaixando, passamos juntos, iríamos trabalhar juntos e, se duvidasse, pegaríamos o mesmo voo. Não tinha erro, tudo estava dando certo! Eu não podia estar mais feliz!

Fomos para a sala de Liam para imprimir os nossos documentos. O meu escritório sempre tinha muita gente e pensamos que seria melhor se fôssemos discretos nesse primeiro momento. Enquanto Liam imprimia a papelada, resolvi entrar no site dos correios para ver se o remédio já estava a caminho.

A melhor notícia do dia, então, veio desse site: *o remédio havia sido entregue na portaria.*

Senti um frio no estômago, uma sensação de que tudo estava se ajustando! Iríamos no RH juntos, pediríamos demissão e passaríamos na portaria para pegar meu remédio. Tudo estava dando certo. "Essa gravidez", eu pensei, "foi apenas um empurrão para eu sair desse trabalho. Foi apenas uma lição e um susto". Não havia motivos para tudo estar dando tão certo. Eu *precisava* ir para Dubai. Nada estaria acontecendo tão rápido se o motivo não fosse esse.

Por outro lado, meu setor estava sobrecarregado. Meu funcionário, que era um dos meus braços direitos lá dentro tinha conversado menos de uma semana antes dizendo que estava procurando emprego em outros lugares. Ele não estava feliz e me confessou que os outros meninos também não.

Não era nada comigo e, sim, com a empresa. Tínhamos pelo menos uns três funcionários a menos e estávamos ganhando menos em função da redução salarial por conta do fechamento do hotel por três dias na semana. Estávamos todos com trabalho dobrado. Todos tínhamos perdido alguém próximo, todos tínhamos medo de pegar a doença e o pior acontecer, todos tínhamos contas para pagar. Não estava fácil para ninguém.

Além disso, eles sabiam que eu vinha tendo várias crises de ansiedade e tentavam segurar as pontas por mim todas as vezes, mas isso não era nada animador para eles. Eles sabiam que eu estava instável e isso era mais um motivo para eles estarem mais desmotivados do que o normal.

Eu me sentia culpada, mas havia dias em que eu simplesmente não conseguia dar conta. Sentia-me horrível e impotente, mas não podia exigir mais do que a minha cabeça aguentava. Todos eles se mostravam muito solícitos, porém eu sabia que estavam cansados. Eu os entendia perfeitamente – e não conseguia animá-los como deveria. Era minha obrigação como gerente do setor e nem isso eu conseguia cumprir.

Só de pensar em ter que informar à minha equipe que eu estava indo embora assim, de repente, eu já imaginava o impacto que isso teria no dia de cada um. A culpa me consumia, entretanto eu ia escolher a mim mesma dessa vez. Eu precisava fazer isso.

CAPÍTULO 25

Mandamos uma mensagem para Becca no grupo das riquíssimas avisando as novidades e descemos no RH para podermos entender quais eram as orientações – quais documentos teríamos que levar, com quem precisávamos falar nesse primeiro momento, enfim... todos os trâmites necessários para fazer tudo corretamente sem colocar os pés pelas mãos.

A assistente do RH nos recebeu feliz e ficou genuinamente animada com as nossas notícias. Ela disse, inclusive, para não nos sentirmos mal em nenhum momento, pois a mudança constante do quadro de funcionários era completamente normal, em especial na área de hotelaria. Ela nos abraçou e nos passou todas as informações necessárias para que fizéssemos as coisas de forma correta.

No caso de Liam era mais tranquilo. Ele só tinha que avisar o gerente e já podia arrumar as malas para no dia seguinte ir embora cedo se quisesse. Mas no meu caso era um pouco mais delicado. Eu tinha um cargo de gerência e tinha muita coisa para passar para a equipe e para a minha gerente direta. De qualquer forma, eu também queria ficar uns dois dias na minha casa para poder dar um abraço na minha família. Então me ofereci para ficar mais dois dias no hotel. No entanto, sexta-feira, no final da tarde, eu gostaria de estar a caminho de casa.

***

Senti que Vivi ficou decepcionada em um primeiro momento.

Isso era perfeitamente normal, mas para mim foi particularmente doloroso ver a expressão no rosto dela. Sei que ela apostou muita coisa em mim e confiou muito no meu trabalho. Eu sentia que estava criando um grande problema para ela.

Dei algumas horas para ela absorver a informação e algum tempo depois eu percebi que ela era a mesma Vivi de sempre comigo. Uma amiga e confidente, ao mesmo tempo que tinha um carinho de mãe por mim. Nunca tive uma gerente como ela, alguém que eu admirasse, que eu via que não tinha tempo ruim, que era paciente com todos os funcionários e que cultivava um coração enorme, em que sempre cabia mais um.

Todo mundo tinha os seus defeitos e o dela, na minha opinião, era trabalhar demais. Ela fazia muito pelos outros e às vezes acabava se esquecendo dela. Tinha um dos cargos mais importantes dentro do hotel, mais ainda do que o gerente-geral na minha opinião – afinal, quem dava a martelada final sobre tudo o que era relacionado a dinheiro era ela. Para mim, quem mandava de verdade em todas as decisões daquele hotel era a gerente financeira Vivi, e não o babaca do gerente-geral, que não tinha respeito por ninguém.

Eu sabia que ela não se matava de trabalhar pela empresa. Ela não era apaixonada pela empresa e, sim, pelo que ela fazia e pelas pessoas que trabalhavam e cresciam com ela. Tive muita sorte por ter tido uma mentora como ela. Na situação que eu me encontrava então e considerando o que eu estava prestes a fazer, eu me sentia segura por conhecê-la.

Depois que saímos do RH, eu e Liam passamos na portaria para eu pegar a minha encomenda. O envelope era grande e tinha dois CDs dentro, grudados com durex. Os comprimidos estavam soltos no meio dos CDs. Esse foi o primeiro contato que eu tive com a situação ilegal pela qual eu estava passando. Aquela embalagem era feita para deixar escancarado que o que eu estava fazendo era realmente algo muito errado e muito proibido.

Avisei a Vivi que naquele dia mesmo, antes de dormir, tomaria o remédio. Ela pediu que eu avisasse assim que contei que pretendia terminar a gestação. Qualquer coisa que acontecesse ela queria saber para poder me levar em algum hospital, se fosse o caso. Tranquilizei-a, dizendo que daria tudo certo e que logo isso terminaria.

***

Becca e Liam ficaram de vir me ver de noite para ver se eu estava bem. Pelo que vi no procedimento que a tal enfermeira nos vendeu, eu ficaria acordada até altas horas da madrugada. Eu tinha que começar depois de pelo menos dez horas de jejum, o que queria dizer que depois do almoço eu não podia comer nem beber mais nada.

Digamos que foi um dia bem intenso.

Pedi demissão, coloquei muita coisa em ordem no escritório e passei por diversas emoções, todas em jejum. Tudo em prol do remédio pelo qual eu havia pagado mais de cem reais por comprimido e os recebi como se fossem um contrabando – e, de fato, eram isso mesmo. Eu só não queria admitir.

Yuri pagou metade do valor dos comprimidos e estava muito preocupado comigo. Passou o dia me mandando mensagens e pediu que eu avisasse assim que o procedimento começasse. Nesse dia, particularmente, eu não estava irritada com ele.

Contei a ele que tinha passado na entrevista, que eu havia pedido demissão e que já estava organizando tudo para ir embora. Ele ficou muito feliz por mim. Disse que sabia que daria tudo certo e me garantiu que tudo acabaria logo.

Depois de várias pesquisas na internet e de conversar com a tal enfermeira, eu e Becca decidimos comprar quatro comprimidos. Eu sabia que estava de no máximo cinco semanas e, pelo que pesquisamos, até a 12ª semana o recomendado era essa quantidade mesmo.

O procedimento era inserir dois comprimidos via vaginal e manter as pernas para cima durante uma hora. Depois de duas horas, usar os dois outros comprimidos de forma sublingual. Tomar banhos quentes de hora em hora e os sangramentos eram previstos para começarem dentro de quatro horas do início.

Os efeitos colaterais incluíam cólicas fortes, náusea, vômito, diarreia, calafrios e dor nas costas. Nada animador, mas eu não quis me prender a isso.

Ao invés de focar nas coisas ruins, antes de começar qualquer coisa decidi rezar. Acendi um incenso e uma vela, agarrei meu escapulário e meu colar de São Jorge e pedi ao meu anjo da guarda e aos meus orixás para me acompanharem no procedimento. Chorei muito antes de começar. Pedi desculpas por estar fazendo tudo isso e tentei me justificar dizendo que não era a hora de gerar uma vida. Eu tinha consciência de que tinha errado e achava que tinha o direito de tentar consertar esse erro.

Eu me sentia protegida e sabia que teria luz ao meu lado nesse momento. Eu precisava fazer isso, mas não queria atravessar a minha fé. Eu precisava ter respeito pela vida. Tanto pela minha quanto pela que eu estava gerando.

Mas que não pretendia mais.

CAPÍTULO 26

Quando deu dez horas da noite, fiz a primeira etapa do procedimento: dois comprimidos vaginais e pernas para cima.

Um pouco antes de completar a primeira hora, Becca e Liam chegaram no meu quarto para me fazer companhia. Poucos minutos antes eu havia começado a ter cólicas fortes e um pouco de náusea. Eu queria participar da conversa deles para me distrair, mas a dor estava me tirando a atenção.

Liam não ficou muito tempo lá. Foi fumar um cigarro com Becca na minha sacada e disse que iria dormir logo. Eu não queria ser chata, mas o cheiro do cigarro estava entrando no quarto e estava aumentando a náusea que o remédio estava me dando. Tive que me concentrar muito para não levantar para vomitar e arriscar perder os comprimidos assim que ficasse de pé.

Assim que Liam saiu, já era hora de colocar os dois comprimidos sublinguais. Precisei me concentrar muito em ficar quieta, pois qualquer movimento brusco eu quase vomitava. Becca já havia me avisado de que iria dormir comigo para o caso de qualquer coisa acontecer.

Quando ela tomou esse remédio, ela teve muita dor e no dia seguinte teve que ser internada no hospital e fazer a curetagem. Ela não podia contar com ninguém e disse no trabalho que estava com infecção urinária. Becca me disse que foi tinha sido difícil passar por isso sozinha e que não ia deixar que eu me sentisse como ela havia se sentido.

Eu tinha cólicas e elas aumentaram com os comprimidos sublinguais, mas não era nada insuportável.

Minha boca estava seca e eu queria tomar água. Tomei alguns pequenos goles, apesar de a enfermeira ter me proibido de tomar qualquer coisa por pelo menos quatro horas desde o início do procedimento.

24 de junho – quinta-feira

Quando eram quase três horas da manhã, eu me levantei para fazer xixi e fiquei bastante decepcionada ao ver que ainda não tinha tido nenhum sangramento. Entrei no chuveiro e fiquei pelo menos vinte minutos embaixo de água quente para ver se isso acelerava o processo, afinal, essa era a recomendação da enfermeira.

Voltei a dormir, ainda com dor, mas sem nenhum sintoma a mais.

Quatro horas me levantei de novo. Outro banho. Fiquei de cócoras, chorando e pedindo muito para isso acabar logo, mas voltei a dormir desanimada.

Seis horas da manhã me levantei novamente e fiquei feliz por ver que estava com sangramento.

Não era nada de anormal, mas entrei no chuveiro e me lembro de ver pequenos pedaços de sangue coagulado durante o banho. Imaginei que pelo tempo que estava grávida não sairia muito mais do que isso. A cólica ainda era presente, apesar de bem mais branda.

Lembro-me de ter lido de que o aborto se dava quando víamos vários pedaços de um sangue mais escuro e algumas horas depois os efeitos da gravidez sumiam rapidamente. Eu ainda sentia enjoo e dores no seio, mas, de qualquer forma, eu acreditava que tinha dado certo, afinal, o sangue existira.

Assim que a Becca acordou, avisei a ela que achava que tinha dado certo. Mandei mensagem para o Dr. Fúlvio pedindo um horário, pois eu havia tido sangramentos durante a noite – eu não podia dizer a ele: "Abortei. Pode ver se está tudo bem?".

Avisei a Vivi que tinha horário no médico, e como ainda não tinha assinado a minha demissão peguei o carro da empresa e fui para o médico. Ela perguntou se eu estava bem e eu disse que sim.

Assim como fiz quando achei que estava grávida, fui o caminho todo em silêncio. Não liguei o rádio, apenas fiquei com os meus pensamentos de futuro alívio, dali pouco tempo. Eu me imaginava já comemorando à noite e avisando ao Yuri que tudo tinha corrido bem. Ninguém mais precisaria saber pelo que eu tinha passado ou o que havia feito para evitar que a minha vida virasse do avesso.

Cheguei no consultório e tentei colocar a minha melhor cara de paisagem para aguardar na sala de espera. Assim que o doutor me chamou, entrei na sala e falei de novo que tinha tido sangramento e queria ver como estava a minha situação. Ele já sabia o que eu tinha feito, no entanto não perguntou nada. Apenas pediu que eu me trocasse e que me deitasse na cadeira para podermos fazer o ultrassom.

Eu estava animada, falando para ele que tinha conseguido um emprego em Dubai e que tinha pedido demissão no dia anterior. Em menos de uma semana eu estaria fora do Brasil e começando uma vida nova. Para mim, aquele momento ali era apenas para confirmar o que eu já sentia que tinha dado certo. Ele ligou o aparelho e colocou um gel gelado no meu abdômen para começar o exame. Eu só estava esperando a confirmação para respirar aliviada.

Aquelas imagens em preto e branco sempre serão uma incógnita para mim, porém eu consegui enxergar um borrão preto no meio do desenho cinza. Eu imaginei que era algo que tinha sobrado e, então, era a hora em que ele me encaminharia para o hospital para "terminar" o que eu havia começado.

No entanto, para o meu desespero, o Dr. Fúlvio me deu a pior notícia que eu podia receber: o saco gestacional ainda estava ali. *"Nada mudou"*. Essas foram as palavras dele.

Eu não consegui entender direito.

Por um segundo, meu mundo parou e eu me sentia fora do meu corpo.

Todo aquele desespero, aquelas dúvidas, as mudanças de humor, as grosserias com Yuri, meus amigos e minha chefe, as orações, a demissão, a estafa mental de pensar no crime que eu estava cometendo, não tiveram efeito *nenhum*. Na minha cabeça, depois do sangramento isso era impossível de ser verdade.

Pior ainda, a culpa e a irresponsabilidade de ter tentado acabar com aquela vida que estava crescendo dentro de mim tomaram conta da situação como eu jamais senti. Foi um baque.

Fiquei muda e, com certeza, a minha expressão era vazia. Nesse momento, ele teve certeza de que essa era uma notícia que eu não queria receber.

— Você foi em algum lugar ou tomou remédio?

— Usei remédio. Quatro comprimidos – respondi, com a voz embargada. Eu ia desabar de chorar a qualquer momento.

— Olha, eu não quero te desanimar, mas para algumas mulheres esse remédio realmente não tem efeito nenhum. O certo seria repetir o procedimento depois de oito horas... – Pausa para um silêncio muito desconfortável e longo demais para caber naquele momento. – Desculpa te informar, mas o bebê está bem. Você ainda está grávida.

"O bebê está bem. Como?", eu repetia mentalmente, sem acreditar.

— Estou de quanto tempo? Umas quatro semanas? Ainda pode ter algum efeito tardio?

— É, está bem no começo sim. Para saber exatamente eu teria que terminar o exame. Existe a possibilidade de acontecer ainda... Mas saiba que pode não acontecer nada mesmo.

Eu não conseguia entender. Limpei o gel da minha barriga, levantei e fui colocar a minha roupa. Chorei no banheiro e tentei me recompor para poder conversar com o médico.

Ele, no entanto, não tinha muito o que me falar. Estava triste e eu sentia que estava se sentindo impotente. Talvez ele soubesse exatamente onde eu podia ir para acabar com isso, mas não podia me falar por uma questão de princípios. Ou, talvez, ele tivesse esperança de que essa primeira tentativa tivesse me feito desistir do aborto e seguir com a gestação.

Era difícil ler alguém nesse momento, quando a minha única preocupação era saber como, quando e onde eu iria conseguir mais medicamentos. Além disso, a janela de oito horas que ele havia mencionado já tinha acabado.

No dia seguinte eu estaria voltando para minha cidade natal e eu só tinha um contato desses comprimidos no Rio de Janeiro. Esses eram enviados por correio e demoravam alguns dias para chegar. Não havia tempo hábil para conseguir outros comprimidos em menos de vinte e quatro horas e isso me desesperava muito.

Saí do consultório sem conseguir nem dar tchau para as recepcionistas, que sempre foram extremamente atenciosas.

Entrei no elevador chorando e fui assim o caminho todo de volta. À estaca zero.

O que eu faria agora?

CAPÍTULO 27

Cheguei muito nervosa no hotel. Mandei mensagem para as riquíssimas, que foram me encontrar no meu quarto assim que cheguei. Contei tudo para eles e chorava muito, desesperada, por constatar que o remédio não tinha tido efeito nenhum. Becca, no entanto, tentou me acalmar:

— Amiga, comigo aconteceu a mesma coisa. No dia seguinte, eu achei que tinha dado certo, fui para o hospital de manhã e o feto ainda estava lá. Voltei preocupada e frustrada pra cá, mas umas duas horas depois tudo aconteceu. Senti uma dor muito forte e o sangramento também aumentou bastante. Só depois que fui internada mesmo e tive que realizar a curetagem. Calma que ainda vai acontecer. Como está seu sangramento?

— Parou, Becca. Meu sangramento parou! Ele não está aumentando, muito pelo contrário. Diminuiu e PAROU! - respondi, desesperada.

Eu sabia que estava sendo grossa exatamente com quem não tinha nada a ver com isso, mas eu não conseguia evitar. Liam não se pronunciava. A única vez que o ouvi falar alguma coisa foi quando recebemos o e-mail de aprovação do emprego e ele disse:

— Ai, amiga, bem que você podia ter um aborto espontâneo para não ter que passar por tudo isso, né?

Eu concordei e desejei com todas as forças que ele estivesse certo. Mas até então nada do que eu desejava com relação a isso tinha acontecido.

Liam foi embora nesse dia de tarde. Despedi-me dele de forma muito rápida, com a certeza absoluta de que nos veríamos em Dubai muito em breve. Eu precisava acreditar nisso.

Eu tentava entender o motivo de não ter dado certo nessa primeira vez. Tentava visualizar se tinha alguma coisa que eu podia fazer ainda para resolver a situação da melhor forma possível, envolvendo o menor número de pessoas que eu podia, mas não conseguia ter nenhuma luz sobre o assunto.

Eu não podia deixar de pensar que eu rezei tanto e pedi tanta proteção no momento que não ter dado certo podia significar que "não era para ser".

Assim que saí do consultório, entre lágrimas escorrendo sem parar no meu rosto, consegui escrever uma mensagem para Yuri avisando que nada havia mudado. «Parece que estou vivendo um pesadelo» foram as minhas palavras para ele. Esse era, com certeza, meu sentimento mais íntimo naquele momento. Eu estava desesperada.

Quando cheguei no hotel, avisei a Vivi de que o procedimento não tinha dado certo e que eu iria tentar de novo talvez, só não sabia quando. Nessa manhã, ela me falou algo que me marcou demais e ficou martelando na minha cabeça. Ela me explicou que tinha ido pesquisar sobre como esses remédios funcionavam, pois ela ficou preocupada de acontecer algo comigo. Nisso, ela conversou com a cunhada dela, que ela sabia que tinha tentado um aborto muitos anos antes:

— Ela tentou usar esse remédio e para ela não deu certo. O que eu não sabia é que ela tinha tentado abortar seis vezes. Hoje, a minha sobrinha tem 10 anos e é supersaudável. Não deu certo mesmo para ela.

Eu não quis demonstrar isso naquele momento ali, na frente dela, mas a verdade é que eu fiquei apavorada com a ideia. Não me imaginava nunca passando por isso: frustrar-me seis vezes e ainda levar a gravidez até o final. Parecia doloroso demais.

***

Um pouco depois do horário do almoço, apesar de eu não ter conseguido comer nada, Yuri me mandou uma mensagem dizendo que ia comprar mais comprimidos e me entregar.

Ele havia conseguido um contato que entregaria para ele no meio da tarde e ele se prontificou a ir até uma estação perto do meu trabalho para me entregar. Dessa vez daria certo. "Qual era a chance de conseguir um contato assim, em tão pouco tempo?", pensei. O anterior tinha sido mais complicado de chegar, então esse, com certeza, daria certo.

Uma fagulha de esperança se reacendeu em mim. Eu conseguia ver uma luz no fim do túnel.

Paguei metade do valor para ele e aguardei ansiosamente. Eu ia resolver isso, custe o que custasse. A essa altura, eu já havia formalizado o pedido de demissão e em breve falaria com a minha equipe. Não tinha mais volta. Eu não podia fazer isso com as pessoas.

***

Quando contei aos meus funcionários que aquele era o meu último dia, vi o desespero se instalar na sala por um momento. Eu sabia exatamente o que eles estavam sentindo: *sobrou pra gente a bucha*.

No entanto, quando falei que estava saindo, pois tinha conseguido um trabalho em Dubai, a situação mudou e eles ficaram mais do que felizes. Eu tentei pedir desculpas por estar saindo assim, tão de repente, mas eles não quiseram ouvir. Parabenizaram-me e disseram que eu não podia perder uma oportunidade dessas.

Senti-me melhor por um momento. Eu sabia que eles iam ficar um pouco atarefados no começo, mas o fato de conseguir um emprego em outro país justificava a minha saída e deixava as coisas mais leves. Ninguém ficaria com raiva de mim por ter saído assim. Eu tinha um motivo mais do que plausível.

Agarrei a essa ideia.

Bem no meu íntimo, eu ainda me sentia uma grande fraude e isso me dava uma sensação de estar enganando a todos que me conheciam.

Outros colegas, quando ficaram sabendo da minha oportunidade de emprego fora do Brasil, abraçaram-me e me parabenizaram. Eu tentava com todas as minhas forças aparentar felicidade genuína. Não sei até que ponto as pessoas acreditaram, porém, havia uma pessoa importantíssima e crucial para poder corroborar todo esse teatro, que eu não conseguia enganar por completo nem disfarçar o meu desespero: *eu mesma*.

Alguns amigos mais próximos conseguiam ver que eu não estava bem na última semana. Muitos ofereceram um ombro amigo para conversar, mas eu tinha enxotado todo mundo deliberadamente. Disse que estava com uns problemas pessoais apenas, mas que logo iria resolver tudo.

Mais do que nunca, eu precisava que esses próximos remédios dessem certo.

CAPÍTULO 28

<u>24 de junho</u>

No final da tarde, peguei o carro da empresa e fui até a estação do metrô para encontrar com Yuri. Reparei nele andando até o carro. Parecia bastante sereno. Estava com o mesmo boné de quando o conheci, com um casaco que parecia bem quentinho e mochila nas costas. Vestido daquele jeito era difícil imaginá-lo em um terno ou em um tribunal.

Eu não estava mais conseguindo me conectar com a Marina animada e alto astral que o conheceu no dia da comemoração. Essa Mari me parecia uma pessoa que fez parte da minha vida há muito tempo, mas que eu quase não me lembrava mais como era estar com ela. Sexy, segura, piadista, sorridente e festeira. Eu sentia que ela estava sumindo aos poucos.

Quando ele se aproximou do carro, no entanto, reuni todas as minhas forças e as minhas memórias mais felizes para poder trazer aquela Mari de volta e abraçá-lo, sem mostrar o quanto estava me sentindo derrotada. Nem tudo estava perdido. *Ainda não.*

Ele entrou no carro e me deu seu sorriso mais lindo e aconchegante. Aquela centelha de esperança se acendia aos poucos novamente. Ele me entregou o pacote com os comprimidos. Dessa vez eram oito. Quando abri, fiquei aliviada por ver que era realmente uma cartela de remédios. Nela continha o nome do medicamento, o laboratório gravado, o número do lote, enfim, todas as informações que qualquer outro medicamento tem. O anterior era realmente contrabando, tinha chegado em uma embalagem horrível. Claramente, tinha sido surrupiado de algum lugar.

Mas esse não. Ele me explicou sobre o contato que ele tinha conseguido: o cara era filho do distribuidor da farmacêutica que entregava direto para as maternidades. Ele desviava os medicamentos para poder vender. Segundo o motoboy que entregara, essa era a décima entrega do dia – e era desse jeito todos os dias.

Eu fiquei chocada com a informação. Isso era mais comum do que eu imaginava.

Yuri me passou o contato de uma enfermeira que acompanhava todo processo por *WhatsApp* e disse para eu não me preocupar que ia dar certo logo. Ele havia conversado com algumas pessoas e descoberto que para algumas mulheres realmente na primeira vez não acontece nada. Mas que na segunda era bem provável que desse certo.

Além disso, ele quis pegar oito, pois disseram para ele que pode ser que não tenha dado certo porque era muito cedo ainda. A partir de oito semanas de gravidez era mais certo que o medicamento tivesse efeito certeiro. Portanto eu usaria mais quatro no, mas se por acaso ainda não desse certo, era para eu esperar mais algumas semanas e usar o restante.

Na minha cabeça isso não fazia sentido algum. "Por que eu esperaria o feto ficar mais forte para tentar tirar?". Todos os lugares que pesquisei diziam que quanto mais cedo maior a chance de dar certo. Mas ele estava ali, garantindo para mim que havia conversado com diversas pessoas, inclusive pessoas muito próximas que ele tinha descoberto que tinham usado o medicamento.

— Mari, fica tranquila. A gente tem tempo de sobra para isso. Ainda é cedo. Até três meses, usar o medicamento é seguro. Você vai ver. Esses quatro que compramos a mais nem vamos precisar. Amanhã isso vai ter acabado e você já vai voltar para casa tranquila, só para arrumar a mala e viajar, ok? Confia em mim, estou com você. Me avisa quando for começar hoje de novo, tá?

Eu sei que ele estava comigo e que ainda estava tranquilo. Ele me passava essa tranquilidade. Ele pesquisou, foi atrás da informação, fez questão de me dizer que não tinha ido em qualquer lugar e não havia falado com qualquer pessoa. Ele não ia perder a tarde toda com isso se não tivesse certeza.

Mas, por algum motivo inexplicável, eu ainda não estava convencida.

Não consegui me concentrar o dia todo. Eu deveria ter feito várias coisas no meu escritório e não consegui. Sentia que não estava cumprindo com a minha obrigação ou que estava traindo as pessoas que confiaram em mim para estar ali, ajudando no dia a dia, por pelo menos mais algumas semanas.

Os sentimentos de culpa e alívio se misturavam o tempo todo. Eu sentia que pedir demissão era a melhor coisa para mim naquele momento, mas que de alguma forma, pelas coisas ainda não terem dado certo, eu estava enganando a todos. Sentia-me extremamente culpada por estar indo embora assim, de uma hora para outra. Dubai aconteceu mais rápido do que eu havia previsto e a impressão que ficava era de estar deixando tudo pela metade.

Eu me sentia mal de várias formas, mas quis pensar que, na verdade, era o jejum novamente. Se eu comi uma bolacha água e sal de manhã foi muito. Talvez fosse isso que estava me deixando fraca e sem esperança de que as coisas dessem certo.

***

Becca foi dormir comigo de novo.

Mandei mensagem para a nova enfermeira e o procedimento dela era um pouco diferente. Era menos tempo entre um medicamento e outro, eu tinha que tomar chá de hibisco e uma tal de água inglesa depois. Eu não tinha nem um, nem outro. Mas eu tinha plena certeza de que o medicamento era suficiente. Fazia menos de vinte e quatro horas que eu havia tomado a outra dose. "Alguns sites da internet diziam que o medicamento poderia fazer efeito até uma semana depois. Então dobrando a dose daria tudo certo", pensei debilmente.

Fiz a primeira etapa e fiquei conversando com Becca. Quase uma hora se passou e eu não sentia nada de cólica. Achei um pouco estranho, mas no horário correto coloquei os sublinguais e aguardei. A náusea estava presente, mas era só me concentrar que conseguia controlar.

25 de junho – sexta-feira

Eram quase três horas da manhã e eu começava a sentir uma dorzinha fraca. Nada comparado ao que tinha lido nos relatos da internet, nem ao que Becca tinha dito. Ela me dizia que a dor era muito forte e que quando aconteceu de verdade para ela, ela mal conseguia ficar em pé.

A minha dor era, em um nível de zero a dez: dois. Eu sentia que alguma coisa estava errada.

Cochilei algumas vezes e acordei bem cedo, com dor de barriga. Fui ao banheiro e vi que um dos sintomas descritos apareceu: a diarreia. Porém o sangramento ainda não havia começado. Fazia quase oito horas que eu tinha tomado o primeiro comprimido, já era para ter acontecido alguma coisa. *Qualquer* coisa.

Além disso, para minha preocupação maior, vi que os comprimidos que eu havia inserido via vaginal tinham caído e estavam inteiros. Pelo que entendi, meu corpo não dissolveu os remédios. Era óbvio que eu não tinha tido sintomas fortes depois disso.

Não era possível. A primeira vez tive sangramentos e nada mudou. A segunda, meu corpo rejeitou os comprimidos. *Por que isso estava acontecendo?*

Conversei com a Becca e nós chegamos à triste conclusão de que, provavelmente, o remédio era falso. Mandei mensagem para a enfermeira e ela não me respondeu mais. Não restaram dúvidas. Havíamos sido enganados.

Fiquei com raiva do Yuri.

Claro que era irracional, mas fui extremamente grossa ao informá-lo de que não havia dado certo de novo. Inclusive, fiz questão de deixar claro que era bem possível que o comprimido era farinha pura.

CAPÍTULO 29

Eu ouvia a voz dele embargada na mensagem de voz. Ele estava se sentindo péssimo com tudo isso. A culpa que ele sentia por ter sido enganado com o remédio era quase palpável. Pediu desculpas e falou com uma voz que eu ainda não tinha ouvido. Ele sempre me passava tanta paz. Dessa vez, eu sentia que ele estava com medo.

Senti-me mal por fazê-lo se sentir mal.

Tentei reverter a situação e garanti a ele que isso não era culpa dele. Qualquer um pode cair em um golpe e isso não tinha nada a ver com ele especificamente. Deixei bem claro que eu sabia muito bem que ele se certificara de tudo e fizera tudo o que estava ao alcance dele. Como ele mesmo disse, ir atrás dessas pessoas e lidar com esse contrabando nesse mercado negro é uma situação que suga qualquer um. É uma tensão desconfortável. Ele precisava saber que eu apreciava muito todo o esforço que ele tinha feito.

Ao mesmo tempo, eu estava cansada. Não apenas fisicamente, afinal, não tinha comido quase nada nos últimos dois dias e estava desidratada por conta da diarreia que não havia ido embora. Mas mentalmente. Toda essa situação estava me consumindo.

Eu não conseguia entender o motivo de a primeira vez não ter dado certo. Eu li tanta informação nos sites e tantos relatos diferentes que eu não sabia mais o que era verdade ou o que podia se aplicar a mim. Cada lugar dizia uma dosagem diferente, uma forma diferente de aplicar, e as duas mulheres que enviaram o procedimento tinham formas diferentes de fazê-lo. Em todos os lugares, as pessoas garantiam o resultado. Talvez eu fosse alguma exceção que não absorvesse os efeitos do medicamento e fizesse parte da pequena porcentagem para a qual realmente não dava certo.

Era muito azar mesmo. Não era possível. Tudo tinha dado certo com o trabalho que eu tanto queria. Por que justo eu tinha que entrar na regra da exceção para esse caso?

Mudei a pesquisa do Google de "em quanto tempo o medicamento pode fazer efeito" para "tomei o remédio e não aconteceu nada". Achei muitos relatos. Fiquei mais apavorada ainda.

O fato de muitas e muitas mulheres realizarem aborto clandestino todos os dias já era um choque por si só. Agora, saber que de todas essas mulheres que tentam, uma grande porcentagem delas não consegue também, assim como eu não consegui, foi desesperador. Muitas recorreram a clínicas clandestinas e aí li relatos de todos os tipos. Alguns muito assustadores e desconfortáveis.

Comecei a achar matérias dizendo que a compra do remédio era dinheiro jogado fora, pois a quantidade de comprimidos placebo era gigantesca e era exatamente o que movia o mercado negro disso. Senti-me horrível por ter contribuído para esse mercado sujo e decidi que eu não daria mais nenhum centavo a essas pessoas. Eu sentia ódio mortal de todo mundo que fazia parte dessa cadeia de tráfico de medicamentos que não davam certo e só bagunçavam com o psicológico das mulheres que recorriam a eles.

O meu psicológico, particularmente, estava muito abalado.

CAPÍTULO 30

Eu precisava ir fazer o exame demissional de manhã e terminar de arrumar as minhas malas, pois iria para a rodoviária logo depois do almoço.

A minha cabeça não parava de tentar encontrar explicações e soluções rápidas antes da minha viagem. Eu sabia que teria que mentir no exame demissional. Se eu falasse o dia da minha última menstruação, com certeza ele faria um teste e eu não poderia ser demitida. As pessoas ficariam sabendo e seria um caos. Eu não queria essa atenção toda, então precisava aprender a mentir rápido – e muito bem.

Eu não conseguia estar inteiramente presente no hotel e dar tchau para as pessoas. Não conseguia olhar para ninguém direito, não conseguia me mostrar feliz nem triste por estar indo embora. Não fiz questão de esperar as pessoas virem me dar tchau ou de sequer mandar qualquer mensagem para dizer o quanto eu gostava de cada uma delas. Nem a Vivi eu quis abraçar. Sentia-me uma fugitiva.

Havia uma situação muito mais urgente prendendo a minha atenção e eu não podia compartilhá-la com ninguém.

Quando o médico da clínica perguntou quando tinha sido meu último período menstrual fui enfática ao dizer: *"Estou menstruada agora. Desceu faz dois dias"*. Ele assinou a papelada e me dispensou. "Essa foi fácil", pensei. Eu finalmente estava livre e só precisava voltar para casa.

Agora... Com que cara eu ia olhar para os meus pais eu ainda não sabia – e tinha apenas algumas horas para descobrir. Minha mãe sempre sentia quando eu não estava bem. Fazer-me de desentendida para um médico, por dois minutos, era uma coisa. Agora, passar de três a quatro dias fingindo que eu estava feliz por estar indo viajar era outra história.

Eu conhecia a Mari feliz e animada para viajar e, mais uma vez, não conseguia trazê-la para perto de mim. Essa outra versão da Mari parecia estar sumindo também, assim como a festeira havia sumido. Isso me preocupava muito.

***

Eu estava terminando de fechar a última mala antes de ir almoçar com a Becca quando Yuri me mandou uma mensagem perguntando se eu podia encontrá-lo no mesmo lugar do dia anterior.

Ele tinha comprado mais remédios, de um terceiro contato, e queria deixar comigo. Garantiu-me com todas as forças que esse era de verdade e iria funcionar.

Fiquei com muita raiva.

Falei para ele que não queria mais tomar. Eu preferia procurar uma clínica na minha cidade e acabar de vez com isso do que me intoxicar de novo com esses remédios que só tinham me feito mal, mais psicológica do que fisicamente, para ser bem sincera.

Dava-me ânsia de pensar em tomá-los novamente e passar por todos os efeitos colaterais de novo. Pior ainda, havia a chance de não dar certo de novo e eu me frustrar mais uma vez. Acho que era isso que me deixava mais apreensiva. A história que a Vivi tinha me contado da sua cunhada martelava na minha cabeça: *seis tentativas*.

Ele disse que tudo bem, mas que queria me entregar mesmo assim. Ele já tinha comprado e pago tudo. Queria que eu levasse para Dubai e, se eu quisesse algum dia tentar de novo, eu teria como, afinal, ele imaginava que lá seria mais difícil de conseguir.

Muito contrariada e com zero intenção de tomar novamente, fui encontrá-lo e peguei mais um pacotinho. Dessa vez eram seis comprimidos.

Ele tentou me acalmar dizendo que tudo ia ficar bem, mas eu não estava muito a fim de papo. Guardei na bolsa e fui embora sem me despedir decentemente.

***

Poucas horas depois eu já estava no ônibus, a caminho de Registro – minha cidade natal. Preferi ir de ônibus, pois como aconteceu tudo muito rápido, eu tinha muita bagagem. Além disso, eu teria bastante tempo para pensar sozinha em como eu iria disfarçar para minha família que não estava acontecendo um furacão dentro da minha cabeça.

Eu gostaria que a viagem tivesse sido um pouco mais tranquila. O ônibus estava lotado e havia muitas pessoas que não conheciam a lei da física de que dois corpos não ocupam o mesmo lugar no espaço e a mais nova tecnologia conhecida como: fones de ouvido.

Foi um pouco estressante demais para o meu gosto, mas eu sentia que se brigasse com alguém talvez perdesse a minha razão rapidamente. Eu não estava confiando nos meus hormônios e na minha capacidade de não ser grosseira com as pessoas.

***

Chegando na rodoviária, meus pais foram me receber. Minha mãe me deu um abraço apertado, feliz por me ter de volta. Tive muita vontade de desabar de chorar no colo dela, mas engoli as lágrimas e fingi que estava apenas cansada da viagem.

Fomos para casa e, para ser sincera, no caminho eu estava um pouco quieta demais. Comentei com meus pais que a viagem tinha sido estressante e eles provavelmente entenderam que era por isso que eu estava um pouco distraída.

CAPÍTULO 31

<u>**26 de junho – sábado**</u>

Acordei no meu quarto me sentindo mal.

O enjoo e a dor no seio me lembravam constantemente do meu estado físico. Desde que tinha descoberto a gravidez, eu andava tendo pesadelos, mas pensei que chegando em casa isso melhorasse de alguma forma. Mas nada mudou também, infelizmente.

Para todos os efeitos, eu tinha que me mostrar animada pela viagem, então nesse final de semana me esforcei em contar à minha família como havia sido a minha entrevista e como era o lugar que eu iria trabalhar. Tentei dar o máximo de detalhes possível para eles verem que isso era real – ou melhor, para *eu* ver que a situação era real e não me desanimar com o pequeno detalhe que me assombrava vinte e quatro horas por dia.

Não consegui beber com os meus pais. Não sei se eu estava muito nervosa de estar ali, na presença deles, e com medo que eles desconfiassem, ou se era apenas o enjoo que não me deixava em paz, nem para tentar relaxar tomando uma cerveja. Disfarcei como pude e acredito que isso tenha passado despercebido por eles.

À noite, combinei de ir à casa da Bianca. Ela queria muito me ver, saber como eu estava e, além disso, a irmã dela, que morava no Canadá, estava lá por alguns dias. Ela era uma irmã para mim e eu queria muito vê-la.

Chegando na casa dela, porém, falei que não queria contar nada para ninguém. Tinha um casal de amigos que também apareceria, mas o plano era contar que eu estava indo para Dubai e beberíamos todos para comemorar – e assim fizemos. Eu estava mais relaxada lá e depois da terceira latinha de cerveja o enjoo me deu uma trégua.

27 de junho – domingo

Domingo à noite eu estava conversando com Liam por mensagem, pois havíamos recebido os nossos voos: mesmo horário, quarta à noite, saindo de São Paulo.

Estávamos animados e preparando as malas, vendo o que deveríamos levar. Ele me disse que os conhecidos dele contaram que itens de higiene pessoal eram muito caros por lá e que se pudéssemos levar bastante coisa seria uma boa economia nos primeiros meses.

Em certo momento, ele me perguntou se eu já havia decidido o que fazer. Confessei que havia tirado o final de semana para esquecer um pouco tudo o que tinha acontecido na semana anterior. Não queria pensar nas minhas frustrações e, talvez, eu devesse mesmo esperar algumas semanas para tentar de novo – assim como Yuri havia me dito. A minha barriga demoraria para começar a aparecer e eu ainda conseguiria disfarçar.

Além disso, eu tenho uma tia que mora em Portugal. Lá, o aborto é legalizado e, em último caso, eu tentaria ficar um mês em Dubai e depois viajar para lá para poder tirar em alguma clínica. Esse era um plano C.

Eu ainda achava, por mais louco que pareça, que toda minha aversão à situação resultaria em um aborto espontâneo em algum momento. Eu estava torcendo por isso ao mesmo tempo em que, de vez em quando, conversava com Halila. Dizia que ela tinha vindo na hora errada e que não tinha espaço para recebê-la na minha vida naquele momento – e esperava que ela entendesse o recado.

De tarde, eu havia pedido para uma amiga minha abrir o tarot para mim e tudo que ela viu foi a minha viagem. Disse que seria muito bom para mim, que eu conseguiria juntar o dinheiro que havia planejado e que as coisas se encaixariam muito rapidamente. Fiquei confusa por ela não ter visto a minha gravidez e resolvi falar. Ela ficou surpresa e abriu novamente o baralho: não havia nenhuma criança no meu caminho. Apenas conquistas materiais.

Chorei muito dizendo que eu queria tirar. Eu esperava que um aborto espontâneo acontecesse e ela me disse que viu que, independentemente do que eu decidisse fazer, nesse ano eu só teria notícias boas e muito crescimento pessoal e profissional.

Ela deixou claro para mim que não concordava com o que eu queria fazer, mas que não era para eu me preocupar, pois tudo iria se ajeitar de uma forma ou de outra.

Fui para casa abalada, mas com um fundo de esperança. Eu sempre vi muita coisa no tarot e muitas das minhas decisões foram baseadas nisso também, portanto o fato de Halila não estar ali me deu mais certeza de que, uma hora ou outra, o que eu *precisava* que acontecesse, iria acontecer.

∗∗∗

Enviei uma mensagem para o Liam dizendo que eu tinha seis comprimidos que o Yuri havia me dado na sexta-feira e que, como eu estava mais tranquila agora, acreditava estar pronta para tentar de novo. Disse a ele que ia repetir os procedimentos logo de manhã, mas que tinha resolvido não contar para mais ninguém. Ia comprar a tal da água inglesa e tudo o mais que o procedimento pedia.

Outra amiga com quem eu tinha conversado no final de semana e que morava no Rio disse que tinha um contato que podia me acompanhar. Decidi enviar uma mensagem e a moça, muito atenciosa, pediu-me que avisasse assim que eu estivesse pelo menos quatorze horas em jejum para começar.

Eu troquei algumas mensagens com ela e contei sobre as duas primeiras tentativas que não haviam dado certo e que, inclusive, eu tinha perdido dois comprimidos na segunda vez. Ela me garantiu que o método que ela tinha era mais assertivo. Decidi aceitar e tentar de novo.

Dessa vez, eu tentaria com seis comprimidos.

CAPÍTULO 32

<u>28 de junho – segunda-feira</u>

Acordei bem cedo e avisei à moça que se dizia enfermeira que estava em jejum de quatorze horas.

Ela pediu que eu quebrasse três dos comprimidos e colocasse cada metade bem fundo no canal vaginal, e que assim que terminasse, inserisse um OB com a ponta molhada de água. Dessa forma, os comprimidos dissolver-se-iam mais rapidamente. Logo em seguida, deveria colocar os outros três pedaços embaixo da língua e esperar pelo menos quarenta minutos para que se dissolvessem. A dosagem era maior e mais agressiva. O método realmente parecia mais eficaz.

Em menos de vinte minutos, comecei a sentir cólicas, náuseas fortes e calafrios. Muito calafrio. Cheguei a ficar preocupada, mas ela me garantiu que era perfeitamente normal. Eu tinha que ficar pelo menos uma hora deitada, com a cintura para cima. Concentrei-me muito para não vomitar no chão do meu quarto.

Depois que essa hora passasse, eu poderia levantar e fazer as minhas atividades normais. Depois de mais algum tempo, no entanto, se os sangramentos não tivessem começado, tinha que inserir uma seringa com água para ajudar a empurrar os remédios.

Eu estava com muita sede, mas ela disse que só poderia beber depois de quatro horas do início do procedimento. Minha boca estava muito seca e eu estava bastante enjoada. Minha pressão havia baixado e eu me sentia muito fraca. Depois de algum tempo eu podia comer, mas apenas coisas muito leves.

Pela primeira vez senti medo de começar a passar mal de verdade e aí eu não saberia o que explicar em casa. Minha mãe parece que sentia que havia algo de errado e mandou uma mensagem me avisando do almoço, mas eu fingi que ainda estava com sono e que só comeria mais tarde. Eu estava passando mal de náusea e sede, e o pior dos sintomas havia aparecido novamente: diarreia. As cólicas, porém, não passavam do nível três. Eram desconfortáveis e constantes, mas nada gritante.

No meio da tarde nada havia acontecido e a cada minuto que passava a minha esperança sumia mais um pouco. Eu estava entrando naquela nuvem de desespero e depressão novamente. As palavras da Vivi ecoavam na minha cabeça: *seis tentativas*. Eu estava na terceira e nada estava acontecendo. De novo.

Avisei à enfermeira. O que eu podia fazer agora?

Exercícios.

Ela disse para eu ir correr, levantar peso, se pudesse ir na academia. Fazer polichinelos e agachamento.

Eu achei que era brincadeira! Eu estava passando mal, minha pressão baixou, eu ia ao banheiro de meia em meia hora por conta da diarreia. Não havia a menor condição de sair maratonando por aí.

Ela enfatizou que eu não podia de jeito nenhum ficar deitada mais. Precisava forçar para o feto sair e ficar deitada não ia resolver. Pediu que eu tomasse 300 ml da água inglesa. Perguntei para que servia e ela me explicou que era para ajudar a limpar o útero.

Fiz tudo o que ela pediu. Fiz o máximo de exercício que pude, no meu quarto, sem levantar suspeitas para justamente não passar mal e desmaiar.

Eram quase quatro horas da tarde e nada havia acontecido. Eu tinha usado os remédios às oito horas da manhã. Resolvi almoçar e tentar viver o dia aguardando que, em alguma hora naquele dia, meu útero resolveria expelir o conteúdo.

***

Dez horas da noite, conversei com a mulher novamente e ela foi muito estúpida comigo, dizendo que provavelmente eu tinha feito alguma coisa errada. Perguntou mais uma vez de quantas semanas eu estava e eu disse que achava que era de cinco semanas e que, no ultrassom que havia feito, o saco gestacional estava lá, intacto.

Ela disse que se eu não tinha ouvido o coração, era bem provável que o feto estava morto e que uma hora sairia. E falou para eu continuar a fazer exercícios.

Logicamente, não fiz.

Estava exausta e me sentido horrível de novo. Os efeitos físicos do medicamento e a sensação de frustração e impotência voltaram ainda mais acentuados. Chorei muito sozinha. O pior é que tentar fingir que eu estava feliz nesse dia estava fora de cogitação.

Minha mãe sabia que eu não estava bem. Eu andava fugindo das conversas com meus pais e eles estavam tristes por isso. Até onde eles sabiam, eu estava me mudando para longe novamente, mas não estava fazendo questão de ficar perto deles nesses últimos dias.

Conversando com Liam à noite, contei que a terceira tentativa tinha falhado e disse que levaria os quatro comprimidos que eu ainda tinha (por mais que eles provavelmente fossem farinha pura) na viagem para, quem sabe tentar lá novamente dali a algumas semanas.

Ele, então, fez uma pesquisa rápida na internet e constatou algo que fez todos os meus planos virarem do avesso e meu último fio de esperança desaparecer completamente: mulher grávida, sem estar casada, em Dubai – por mais que fosse estrangeira – poderia ter sérios problemas com as autoridades e, inclusive, ser deportada.

Eu fiquei sem chão.

CAPÍTULO 33

29 de junho – terça-feira

Para viajar precisávamos fazer um exame de PCR para comprovar que não estávamos com Covid. Eu havia marcado o meu para terça-feira à tarde.

Porém, assim que acordei, a culpa por ter tentado usar o remédio e ter falhado miseravelmente de novo me assolava. Eu tentava encontrar uma explicação para tudo isso e a única coisa que vinha na minha cabeça era: "Não é pra ser. Halila quer vir, afinal".

Peguei o carro de manhã e inventei que ia na farmácia comprar mais algumas coisas para a viagem. Meu tempo estava se esgotando e no dia seguinte eu deveria estar me arrumando para ir para o aeroporto. Eu esperava, com todas as minhas forças, que "o assunto" já tivesse sido resolvido a essa altura. Claro que eu estava redondamente enganada.

Eu não queria viajar tensa e não queria chegar em outro país com medo de estar infringindo as leis. Eu podia fingir que não sabia se por acaso eu passasse mal quando tomasse o remédio de novo ou se realmente tivesse um aborto espontâneo. Mas até explicar que focinho de porco não é tomada em um país onde eu seria estrangeira, onde a mulher mal tem voz e onde não conheço as leis para poder me respaldar de qualquer coisa, podia ser tarde demais.

Então tomei uma decisão importante.

Eu já havia conversado com o Liam no dia anterior, dizendo que essa poderia ser uma possibilidade, mas ainda não tinha me decidido 100%: Eu iria fazer um ultrassom para ver como estava Halila. Se, por um milagre, estivesse tudo ok, eu desistiria de viajar e seguiria a gestação até o final. Se estivesse indo tudo de mal a pior (seja lá o que isso significava na minha cabeça), eu viajaria e tentaria ir para Portugal dentro de algumas semanas.

Eu pretendia terminar com a gestação até a 10ª semana. Isso me daria tempo hábil para chegar lá, começar a trabalhar, habituar-me e depois de quase um mês, inventar uma desculpa para ir a Portugal em uma viagem de uns três dias e voltar. Até lá, já teria dado tempo de fazer uma quarentena em Dubai para poder viajar.

Por sermos brasileiros, esse era o meu maior empecilho. Ou fazia tudo ilegalmente no Brasil ou viajava para outro país onde fosse legalizado depois de cumprir uma quarentena em um lugar seguro. Pelas minhas contas, eu ainda estava de cinco semanas, então tinha tempo de sobra.

Conversei com Bianca sobre a minha ideia. Disse que queria saber pelo menos como as coisas estavam antes de viajar, mas não sabia como fazer, pois eu não tinha nenhum pedido médico para fazer o exame. No entanto ela me explicou que era só eu ir em qualquer maternidade e dizer que tinha descoberto que estava grávida e que precisava fazer um ultrassom. Eles me atenderiam e, quem sabe, fariam ali mesmo o exame.

Então estava tudo certo. Minha náusea só aumentava com esse novo plano que não me agradava em nada. Eu morria de medo de que tudo estivesse bem e eu não teria mais desculpas para adiar o cancelamento dos meus planos.

A mente de um ansioso é complicada, mas eu estava tentando respirar ao máximo. O combinado era ir à maternidade de manhã e, de tarde, faria meu exame de PCR para poder embarcar no dia seguinte.

Parecia uma situação plausível. Só não sei em qual realidade paralela eu estava vivendo para achar tudo isso *normal*.

CAPÍTULO 34

— Você é gestante?

— Sim, descobri há poucos dias. Preciso de uma consulta.

— Sem problemas. Por favor, carteirinha do plano e preencha essa ficha para mim, ok? Sabe de quanto tempo está?

— Umas cinco semanas.

— Ok. Pode ficar à vontade.

Sentei-me na pequena sala de espera para preencher a ficha. Vi duas moças muito grávidas, provavelmente de uns sete ou oito meses, um casal fazendo um tour pela maternidade para conhecer e escutei alguns choros de neném.

Confesso que o som me dava arrepios.

Depois de uns vinte minutos me chamaram. A enfermeira me atendeu, muito simpática e começou a tirar meus sinais vitais. Quando perguntou de quanto tempo eu estava eu comecei a chorar. Foi involuntário, mas aquele nó na minha garganta ainda não tinha desatado por nada. Eu estava muito mais sensível do que em qualquer outro momento da minha vida. Sentia que, estando ali, eu estava começando a abandonar tudo o que havia planejado para minha vida e estava condenada a escutar choro de bebê por muito tempo dali para frente. Eu não me sentia nem um pouco preparada para nada disso.

Comecei contando a história de que estava indo viajar, mas que a gravidez não era planejada e eu estava muito nervosa com tudo isso. Ela ficou um pouco sem graça, coitada, e tentou me acalmar até o médico chegar para me atender.

Quando o vi, percebi que ele podia facilmente ter uns 132 anos. Viu meus olhos vermelhos e as lágrimas correndo e perguntou se eu estava bem.

Obviamente, chorei mais. Contei toda ladainha para ele de novo e senti um aperto aumentar no meu peito. Eu estava cada vez mais sem fôlego e com medo de iniciar mais uma crise de ansiedade a qualquer momento.

O médico centenário preencheu a ficha do exame de ultrassom e disse que eu podia retornar à tarde na maternidade para fazê-lo, pois de manhã não tinha como, ou que podia ir a qualquer laboratório.

Já era quase horário do almoço e eu não tinha para onde ir naquele momento. Qualquer lugar precisava marcar horário e a maternidade era só a partir das duas horas da tarde. Falei com Bianca que, para minha sorte, já havia se adiantado e conseguido, por um milagre, um horário em um laboratório no centro da cidade, para as duas e meia da tarde.

Mesmo horário do meu exame de PCR. Senti um aperto maior no meu peito: Halila ou viagem? Nesse minuto percebi que eu não poderia ter os dois por mais que eu tentasse. O pior de tudo é que eu não queria escolher um dos dois. A minha única possibilidade era a viagem e não a maternidade. Mas eu sabia que se Halila estivesse resistindo, eu estaria de mãos atadas.

Sentia que a contagem regressiva começava de verdade.

Eu tinha três cenários:

1. Ir fazer o ultrassom e, quem sabe, desistir da minha viagem.

2. Fazer o ultrassom, correr para tentar fazer o PCR e implorar para receber o resultado a tempo de viajar no dia seguinte mesmo assim.

3. Simplesmente tocar o foda-se para o fato de eu estar grávida, continuar fingindo para todos que estava tudo bem, terminar de fechar as malas, tomar um vinho com os meus pais para comemorar e no dia seguinte embarcar rumo ao desconhecido e tentar pensar em alguma outra solução melhor no meio do caminho.

Por muito tempo, o cenário três era o meu favorito – e também o mais provável de virar uma grande bola de neve.

Aliás, *era* o meu favorito. Até Liam fazer aquela maldita (mas necessária) pesquisa da internet e acabar com o meu sonho de princesa. Além disso, eu não ia me sentir bem viajar sabendo que ele carregava o meu segredo e por algum motivo ter problemas também.

Sei lá... Com a sorte que eu andava tendo, era melhor não arriscar.

CAPÍTULO 35

Logo depois do almoço, peguei o carro emprestado dizendo que estava indo fazer o PCR. Cheguei no laboratório um pouco nervosa. A secretária que me atendeu fez-me várias perguntas básicas, mas eu sentia que estava ali apenas de corpo presente. Eu me sentia vazia e sem emoção. Novamente, vi mais alguns casais grávidos e parecendo animados com o futuro fazendo o cadastro também. Porém a sensação que eu tinha era de ser um peixe fora d'água me debatendo. Aquele lugar não me pertencia de jeito nenhum.

Fiquei um pouco abalada com a falta de tato da secretária. Sei que as pessoas têm metas de venda, mas era tão perceptível a minha infelicidade e a minha insegurança por estar sentada naquela cadeira que quando ela me ofereceu fotos 3D do feto, além do vídeo e do áudio do coração por mais cinquenta reais, eu mal soube o que responder. Fiquei confusa, pensando se eu teria, afinal, alguma imagem do exame, ou se esse seria o primeiro gasto consciente a favor de Halila.

— Ah, sim, a imagem vai junto com o diagnóstico. Essa é apenas uma opção diferenciada. Fique tranquila!

Tudo o que eu não estava. Eu pensei: "Isso está acontecendo, então. Eu estou finalmente indo fazer o primeiro exame decente desde que descobri a gravidez. Três tentativas de aborto depois e aqui eu estou". Pelo menos não eram seis (Vivi repetia na minha cabeça). Isso me confortava, pelo menos um pouquinho.

Depois de poucos minutos na sala de espera, chamaram meu nome e eu entrei na sala escura com todos os aparelhos ligados. Depois que me orientou a tirar a roupa, colocar o avental com a abertura para trás e esvaziar a bexiga, a enfermeira me mostrou a camisinha fechada para poder colocar no aparelho do exame intravaginal – eu não sabia que era assim, mas tudo bem. Na minha cabeça, o aparelho podia "machucar" Halila.

Preparei, apreensiva que estava. Eu não tinha ideia do que me esperava. Eu realmente estava torcendo para que o conteúdo do meu útero tivesse sumido da noite para o dia e o médico ficasse confuso sobre o motivo de eu estar pedindo esse exame.

Quando fui esvaziar a bexiga, no entanto, notei uma coisa diferente no papel higiênico: uma pasta branca. No mesmo momento entendi: eram os comprimidos do dia anterior. Não estavam inteiros como da segunda vez, porém tinham virado uma pasta devido à água que havia colocado logo depois no canal vaginal.

Meu corpo não absorveu de novo. Não era possível uma coisa dessas. Fiquei com medo de que o médico percebesse alguma coisa, mas tentei disfarçar e voltei para a sala. A minha esperança era que aquela pasta fosse tudo e não tivesse sobrado mais resquícios dos comprimidos.

Logo o médico chegou.

— Boa tarde, Mari. Meu nome é Sandro e vou fazer seu exame de ultrassom, ok? Essa é a sua primeira gravidez?

— Sim – falei, discreta.

— Já teve algum aborto?

— Não. – "Mas tentei...", pensei.

— Qual o dia da sua última menstruação?

— 8 de maio.

— Esse é o primeiro exame que está fazendo da sua gravidez, então?

Concordei com a cabeça apenas. Aquele maldito nó na garganta permanecia, firme e forte. Qualquer coisa podia desencadear uma cachoeira desnecessária nos meus olhos.

Ele começou o exame. Todas aquelas imagens não significavam nada para mim. Eu estava muda, só aguardando ele dizer algo – de bom ou ruim.

— Bom, vamos lá! Olha, esse é o saco gestacional, está tudo no lugar, sem descolamento de placenta, e aqui, nessas cores, está o bebê. É apenas um feto e ele está no tamanho normal, condizente com o seu tempo de gestação. O tamanho corresponde a sete semanas e um dia de gestação. A sua gravidez não tem nenhum problema e aparentemente o bebê está supersaudável. Parabéns!

Foi tudo muito rápido e o médico estava claramente feliz em me passar todas aquelas informações. Algumas coisas nesse discurso, porém, chamaram a minha atenção: primeiro, os parabéns. Se ele soubesse tudo o que eu tinha tentado na última semana com certeza não estaria me parabenizando. Segundo, ele disse que o bebê estava crescendo de acordo com o esperado, que estava tudo dentro da *normalidade*, que não havia nada de errado com a gestação. O que já era chocante o suficiente. Terceiro: é apenas *um* feto. Pasmem! Eu jamais pensei na possibilidade de ser mais de um! Tudo *realmente* poderia ser pior e mais assustador do que já era, afinal.

Agora, a quarta informação me deixou chocadíssima: *sete semanas e um dia*. Não era possível.

Eu engravidei antes do meu aniversário, então?

Comecei a tentar raciocinar debilmente sobre tudo o que eu tinha feito o Yuri passar e, no fim, ele nem era o pai da situação. Não era possível isso. Eu me fingi de desentendida e perguntei, achando que, por acaso, eu tinha escutado errado. Mas ele repetiu:

— São exatamente sete semanas e um dia. O tamanho do feto corresponde. Você tem alguma dúvida?

TODAS.

— Não, está tudo bem... – menti descaradamente. Eu nem me reconhecia. Parecia anestesiada.

— Então, ok. Agora podemos escutar o coração.

Prendi a respiração por um minuto, aguardando a emoção do momento me abraçar e eu poder chorar como uma pessoa normal. Eu ficava pensando que por um lado era bom não ter alguém conhecido ali comigo, assim eu não precisava fingir sentimento algum: nem que estava gostando, nem que não.

O barulho era estranho. Com certeza pareciam batidas cardíacas, apesar de eu não conseguir associar o som com a imagem. Mas o mais estranho foi eu não ter sentido nada. Nada mesmo. Não me emocionei e não senti que era algo incrível que estava acontecendo. Para falar bem a verdade, eu pensei apenas: "*É* isso, então. Eu estou grávida e o feto está bem, mesmo eu tendo tentado tirar três vezes. Então beleza. É ISSO".

E dessa forma ficou gravado na minha memória. Um vazio de sentimentos com um barulho estranho. A minha frieza no momento me pareceu gritante, mas para quem me olhava, eu poderia estar apenas chocada.

Logo que saí, reparei que na sala de espera havia mais três casais heterossexuais. Eu era realmente a única mulher solteira que não tinha barriga aparente. Era óbvio que o bebê não tinha pai ou que eu não estava sabendo me comportar como futura mãe de família. Além disso, ao contrário de todas as pessoas ali, eu era a única que não indicava sinais aparentes de felicidade.

Mas era isso que tínhamos para hoje. Eu, sozinha e assustada, indo fazer um exame para descobrir que eu não sabia de nada *mesmo*: nem como terminar uma gravidez, nem quem tinha me ajudado a fazer.

Eu estava muito fodida.

CAPÍTULO 36

Enquanto aguardava o exame ficar pronto para poder levar as imagens para casa, comecei a pensar em como eu iria descobrir quem era o tal do pai, afinal, se eu estava de sete semanas não havia a menor possibilidade de ser o Yuri – eu nem o conhecia antes do meu aniversário!

Eu tinha um aplicativo que regulava meu ciclo menstrual e que eu podia marcar os dias em que eu tive relações sexuais. Mas eu não anotava o nome de ninguém. Apenas marcava se tinha tido relação e se havia sido com camisinha ou não.

Contei no calendário o dia que dava sete semanas e um dia, como o médico havia me informado: dia 8 de maio. Mesmo dia em que menstruei.

Muitas questões surgiram nesse momento. Meu ciclo era todo bagunçado mesmo. Ele não era reguladinho, eu sabia disso. Pelo menos não como quando eu tomava pílula. Às vezes demorava a minha menstruação demorava quarenta dias para descer, às vezes eram trinta, e um mês e outro tinham sido vinte e quatro ou vinte e cinco. Mas eu tinha menstruado nesse dia. Estava marcado ali! *Será que marquei errado?* Achava improvável.

Entrei no Google para saber se era possível engravidar mesmo estando menstruada.

Era.

Comecei a suar frio.

Quem seria o pai?

Não podia ser... O novinho? Que situação... O garoto tinha a idade do meu irmão mais novo! Quase dez anos mais novo do que eu... Não, não podia ser. Isso acabaria com ele. Mas não, acho que ele não estava lá na época. O hotel tinha fechado. Eu acho que ele estava de férias. Eu espero.

Será que era o boy do Rio? Meu boyzinho nerd, super gente boa e querido. Podia ser! Eu me lembrava de que a última vez em que ficamos, começamos sem camisinha, mas logo colocamos. Mas como todos sabemos (ou deveríamos saber), aquela babinha inicial que o pênis solta também pode engravidar. Esse podia ser o meu cenário. Que desespero!

Conforme as cenas e as pessoas foram surgindo na minha cabeça, eu sentia que a situação só piorava.

Não era suficiente eu estar desempregada, prestes a desistir do futuro emprego, solteira, sem renda fixa, sem perspectiva de planos de futuro em longo prazo e zero vontade de ser mãe: eu não sabia quem era o pai! Eu estava aliviada por ter certeza de ser o Yuri, afinal está ótimo uma humilhação por vez para a gente absorver. Doses homeopáticas são mais eficientes em longo prazo. *Agora, tudo junto? Por quê?*

Olhando o aplicativo, percebi que no dia 7 havia um coraçãozinho. Eu gelei. Esse podia ser o dia, afinal. Para meu desespero, o coração estava desencapado – o que quer dizer que havia rolado um descuido.

"Mas com quem?", pensei. Mas eu não conseguia lembrar.

Eu tinha que olhar conversas de quase dois meses com meus contatinhos para descobrir com quem eu havia ficado nesse dia. Onde eu estava? Com quem? Tinha alguma amiga comigo, será?

"Dois meses", repeti mentalmente. Eu estava grávida de quase dois meses.

Meu plano C foi por água abaixo mais rápido do que eu imaginava. Não havia tempo hábil para fazer quarentena e viajar para outro país. Eu achei que a minha gravidez estava menos avançada.

Eu não podia ir para Dubai desse jeito.

Meu sonho estava acabando ali.

E meu problema maior só começando.

CAPÍTULO 37

Mandei duas mensagens no *WhatsApp*.

Para a Becca:

«O QUE A GENTE FEZ NO DIA 7 DE MAIO?».

Para Bianca:

«FODEU. O pai não é quem eu achava que era. Estou de mais tempo!».

Becca me respondeu dizendo que não se lembrava e que ia dar uma pesquisada nas nossas conversas para lembrar. Eu contei a ela que estava nervosa demais, pois o médico falou que eu estava de mais tempo do que eu achava. Eu suava frio.

Bianca disse para eu ir encontrá-la na empresa em que ela trabalhava. Assim ela me ajudaria a pensar no que fazer.

Com todo esse turbilhão de pensamentos acontecendo ao mesmo tempo, quase não ouvi quando chamaram meu nome pela segunda vez para poder pegar o resultado do exame pronto, com a foto da Halila que não havia custado cinquenta reais. A essa altura, já tinha visto que perderia o prazo para fazer o teste do PCR e aceitei que essa era a minha realidade.

A minha preocupação maior era descobrir quem era o pai e livrar o Yuri dessa responsabilidade. Eu tinha desespero de ter que incluir mais gente no assunto, mas se eu podia livrar alguém da bucha, talvez eu me sentisse menos pior.

Dubai já era praticamente passado. Infelizmente. E essa informação me queimava por dentro. Era como se eu estivesse começando a viver um processo de luto e a negação estava gritando na minha cabeça. Eu precisava aceitar que não iria mais, mas não conseguia acreditar nisso nenhum minuto sequer.

Entrei no carro e coloquei no *Waze* o endereço da empresa da Bianca. Em vinte minutos estaria lá.

No meio do caminho, Becca me respondeu:

«Amiga, dia 7 foi o dia do War».

Senti meu estômago despencar.

Não. Não. Não. NÃO!

Isso não estava acontecendo!

7 de maio

Eu sempre tive uma queda absurda por Rodrigo. Mesmo antes de conhecê-lo pessoalmente. Vi fotos dele nas quais ele parecia um modelo. Sorriso perfeito, corpo escultural, tatuado e reputação impecável. O mais importante, porém, fui descobrir algumas semanas depois em que estávamos trabalhando juntos: ele era um dançarino exímio. Esse sempre foi e sempre vai ser o meu calcanhar de Aquiles para qualquer homem. Impressionante.

Nunca deixei nada disso explícito, portanto acho que ele não sabia. Eu tentei dar em cima dele algumas vezes, mas ou ele não entendeu ou apenas fingiu que não entendeu para não me deixar sem graça. Eu aceitei que não fazia o tipo dele – não se pode ter tudo nesta vida.

No entanto, uma ou outra vez eu sentia que ele estava cedendo. Um dia, no jantar, ele disse de jantarmos comida japonesa juntos, em uma conversa superinformal. Havia outras pessoas na mesa, mas ainda assim ele falou do preço de um delivery de japa para duas pessoas. Eu estava delirando? Provavelmente. Com ele era muito difícil saber.

O cara era seis anos mais novo do que eu, mas um príncipe completo. Sem defeitos, nunca errou. Sabe aquela pessoa famosa que você considera inatingível? A sensação que eu tinha com ele era essa.

Algumas amigas minhas diziam que eu só sentia isso porque ele era o único cara do hotel que eu quis pegar, mas ele não me quis. Ou foi um dos únicos que não tentou me pegar. Afinal, o que caía na minha rede eu não perdoava e é óbvio que se ele tivesse tentado eu jamais recusaria. Claramente isso era ego ferido. Ele podia nem ser tão perfeito e imaculado assim, mas só de olhar para ele o meu dia já melhorava.

Sim, eu o endeusava de forma desnecessária. Mas era uma paixão platônica, que eu tinha plena consciência de que nunca ia dar em nada. Infelizmente. A verdade é que eu ficava muito sem graça na presença dele e não sabia explicar o porquê. Talvez fosse a rejeição. Vai entender!

Ele não tinha muito a ver comigo, pois não bebia, não fumava e não fazia merda – que eu soubesse, afinal, as minhas eram sempre um livro aberto. Para completar, o garoto era sempre muito responsável e. Além de ser lindo funcionário modelo, *fitness* e sarado. *É tão óbvio assim que eu poderia ficar o dia todo aqui tecendo elogios e enchendo a bola dele?*

A verdade é que se eu quisesse mesmo tentar tirar uma lasquinha daquele corpo escultural, eu teria que tentar de outras formas, pois o tradicional não estava resolvendo.

Um dia cheguei no meu quarto e decidi enviar uma mensagem perguntando se por acaso ele não tinha algum jogo de tabuleiro ou baralho para me emprestar. Eu esperava receber uma negativa ou, ainda, resposta alguma. Porém ele respondeu rapidamente que tinha ambos – e o jogo de tabuleiro era War.

Convidei-o para jogar e, como ele bem me lembrou, precisávamos de pelo menos mais dois participantes: chamei Becca e Tico.

Becca achou meu plano brilhante – apesar de eu não ter bolado plano nenhum – e topou na hora. Segundo ela, íamos pegá-lo juntas. Eu não achava correto. Para mim, Rodrigo era sagrado, um *gentleman*. Não queria enfiá-lo no meio das nossas loucuras – que eram muitas e frequentes, diga-se de passagem –, mas ela me convenceu rapidamente – e, convenhamos, não precisou de muito esforço.

Tico, que era seu melhor amigo, acabou não respondendo a mensagem naquele dia. Pobre Tico... Perdeu uma confraternização interessante.

Em menos de cinco minutos, Becca apareceu no meu quarto para me levar para o abate.

Becca odiou o jogo e eu ganhei pela primeira vez na vida. Eu e Rodrigo jogamos muito empolgados, mas o jogo havia acabado, infelizmente, e precisávamos encontrar alguma desculpa para não ir embora tão cedo.

Ele não bebia, então a criatividade tinha que ser muito bem trabalhada.

Eu ainda não estava convencida sobre o plano de Becca. Ela tentava me dar algumas indiretas, o que me deixava cada vez mais sem graça. Porém estar ali com o Rodrigo, em um momento de descontração, no quarto dele, talvez – eu disse, TALVEZ – não fosse má ideia tentar apimentar as coisas.

Depois de algumas sugestões decidimos jogar dorminhoco. Quem perdesse pagava um castigo.

Começou leve: beber um grande copo de água, imitar um bicho, dançar um funk... Tirar uma peça de roupa... Eventualmente, estávamos fazendo *strip tease*, *body shots*, *lap dances* e beijos na orelha sem dó nenhuma.

Eu nunca entrei em um *ménage* sóbria, portanto não lembrava de boa parte deles. Agora, desse eu me lembro de cada minuto, de cada expressão de prazer no rosto dele e do quanto a parceria com Becca valia a pena.

Ele foi incrível e nós duas ficamos extasiadas.

Apesar de eu ter ficado com um gosto de "quero mais" ou de "quero só para mim um dia pelo menos", a experiência valeu cada segundo.

O único empecilho, porém, é que a camisinha não estava presente, o que nos levou a utilizar o segundo método mais ineficaz de todos os tempos: coito interrompido.

No dia seguinte eu estava menstruada e Becca tinha DIU. Tudo havia corrido muito bem!

Até eu descobrir que as semanas da minha gravidez batiam exatamente com esse dia.

CAPÍTULO 38

Encontrei Bianca no trabalho dela, segurando em minha mão um grande pacote plástico com a foto de Halila dentro do meu útero. Resolvemos ir em um café que tinha próximo do trabalho dela para que, assim, ela me ajudasse a pensar.

— Segura essa criança para eu poder dirigir – falei, rindo de desespero para ela.

Era muito irreal que aquele serzinho crescendo dentro de mim tinha sobrevivido a três tentativas de aborto e ainda tinha a possibilidade de seguir firme e forte. Mais absurdo do que isso era a possibilidade de Rodrigo realmente ser o pai dessa criança.

Eu não tinha contato com ele. Quando eu fui embora do hotel nós nem nos falamos. Depois do *ménage*, nós tocamos a vida como se nada tivesse acontecido. Ele não fazia parte do meu círculo íntimo de amigos e apesar de termos feitos coisas muito íntimas juntos, era muito claro para mim que aquela noite foi coisa de momento. Uma brincadeira e acabou.

Como eu iria dar essa notícia para ele? Se é que eu iria dar essa notícia. Será que seria justo fazer outra pessoa passar pelo que Yuri já tinha passado comigo? Eu e ele ainda estávamos em um romance, agora... Rodrigo? Nem me via como amiga dele. Talvez ele nem acreditasse nisso e eu estaria, portanto, mais do que sozinha nessa situação toda.

Eu não conseguia colocar as minhas ideias no lugar. Era tudo muito difícil de encaixar.

No entanto, gritando muito na porta do meu inconsciente, Dubai ainda parecia uma possibilidade. Um borrão de possibilidade, mas ainda assim era. Eu havia perdido o horário do PCR e não importava onde eu resolvesse fazer, ele nunca estaria pronto a tempo de embarcar. Eu já tinha ferrado com a primeira etapa da minha viagem.

Desde que havia saído do laboratório, eu estava em constante contato com Bianca, Becca e Liam e ele, então, teve uma ideia que naquele momento pareceu brilhante: pegar meu resultado de PCR de seis meses antes e modificar a data no Photoshop. Assim, eu poderia dizer que estava com Covid e ganharia talvez uns quinze dias para chegar lá e resolver a minha situação o quanto antes.

Eu só precisava achar o arquivo e aprender a mexer no programa. *Tá fácil.*

Ainda assim havia a possibilidade de eles cancelarem meu contrato, afinal, eu tinha zero vínculos com a empresa.

Outro cenário, ainda muito louco e improvável, era: eu não conseguia entender o porquê, depois de tanto rejeitar a situação, de tanto fazer para tentar tirar, de tomar tanto chá de canela em casa, por que motivos o aborto não teria dado certo? Talvez... E esse era um talvez que eu relutava demais em aceitar... *Taaalvez* essa criança deveria vir

Talvez fosse o momento de a minha vida mudar radicalmente. Talvez eu deixasse de ser egoísta e pensasse menos em mim e mais em outra pessoa. Talvez eu sossegasse em um lugar por mais de seis meses. Talvez eu descobrisse que ter um parceiro, alguém que te apoie na criação de uma criança, era melhor do que ficar sofrendo por macho escroto. Talvez meus pais ficassem orgulhosos e eu sentiria ter feito algo de bom, além de fugir o tempo todo. Talvez eu trouxesse sentido para a vida do meu avô, que tinha acabado de perder mulher, cunhada e sogra para a doença do ano.

Talvez, ainda, eu aprendesse a ser mãe e me tornasse uma pessoa completamente responsável e sensata. Talvez eu ficasse feliz em ter uma carreira em algum lugar ou uma estabilidade em prol da vida daquele bebê. Talvez eu começasse a gostar do cheiro de neném e a curtir comprar roupas e coisas para outro ser além de mim mesma.

E talvez, bem no fundo do meu inconsciente, eu não fosse nem de longe a pessoa horrível e egoísta que imaginava ser.

Malditos hormônios.

***

Bianca também tentava organizar as ideias comigo. Ela achou a ideia do teste do PCR uma boa, mas me lembrou de que havia uma chance de dar tudo mais errado ainda e eu me frustrar mais por perder de vez o trabalho por causa de mais uma mentira.

Ela me garantiu que se eu quisesse tirar, ela estaria do meu lado. Ela tentaria encontrar uma clínica comigo e eu poderia fazer o aborto de forma mais assertiva. Naquele momento, porém, eu não tinha mais coragem nenhuma de tentar e a ideia de entrar em uma clínica clandestina, pagar uma grana alta e tirar me apavorava.

Sei que é horrível pensar assim, mas eu sentia que a gravidez tinha acabado com a minha vida. Ou, pelo menos, com o ideal de vida que eu tinha planejado para mim até então. Em nenhum momento, no entanto, eu tive vontade de *acabar* com a *minha* vida – no sentido mais suicida da palavra. Procurar uma clínica clandestina colocava a minha vida em risco e isso eu não tinha um pingo de coragem para arriscar. Se as minhas opções eram deixar de viver de vez ou ter Halila e tentar uma vida diferente, então ela seria a minha opção.

Bianca me lembrou, entretanto, que se eu fosse manter a gravidez, eu teria muita gente do meu lado. Minha família, a família dela, meus amigos mais próximos... Todos estariam me apoiando e me ajudando, disso eu não tinha dúvidas. Ela também me conhecia muito e não era de hoje, por isso mesmo sabia que eu ficaria abalada com o fato de não viajar. Ela me deu a ideia de inventar uma desculpa esfarrapada, algum problema de família, e pedir mais uns dias para ir e, consequentemente, pensar melhor no que fazer.

Eu considerei essa possibilidade. Parecia-me a mais sensata.

Mas eu não sabia mais como mentir. Eu estava confusa e cansada. Já tinha mentido para tanta gente e já tinha guardado esse segredo absurdo comigo por tantos dias.

Considerei o fato de que essa era uma situação que muitas mulheres sonham e passam anos tentando estar e eu estava ali, naquele momento, que era considerado o mais nobre na vida de uma mulher.

Uma vez escutei uma frase bonita no centro de Umbanda que dizia que a única forma de vir para este mundo é por meio de uma mãe. Como se nós, as pessoas com úteros, fôssemos incrivelmente abençoadas por sermos esse portal. Eu me sentia na obrigação de me sentir agradecida por ser fértil. Mas a verdade é que para mim era apenas isto: uma obrigação de sentir. O sentimento real mesmo não existia de forma alguma.

Por algum motivo, eu acreditava que tentar três vezes um aborto e ele não dar certo era um sinal divino e que eu deveria parar para pensar em toda a situação e reconsiderar. Eu tinha a obrigação moral de fazer isso. Independentemente de quem fosse o pai e se ele iria querer ou não.

Eu sabia também que a partir do momento em que contasse para os meus pais eu teria um suporte absurdo e os faria felizes. Eu tinha certeza de que eles estariam do meu lado para tudo, mesmo que Halila não tivesse um pai presente. Eles me dariam tudo e mais um pouco para fazer com que eu e o bebê nos sentíssemos bem e amparados.

Pouco antes de sair da clínica com a primeira foto de Halila, resolvi livrar o Yuri desse problema e enviei uma mensagem apenas dizendo que estava de mais tempo e que, portanto, não havia possibilidade de ele ser o pai. Ele apenas me respondeu: «Nossa Mari, talvez seja por isso que o remédio do aborto não deu certo, pois fui eu que comprei...». Era uma frase completamente sem sentido mas que, naquele momento e naquelas circunstâncias, fez-me acreditar em mais um motivo para, sei lá, tentar seguir em frente!

CAPÍTULO 39

Ali, sentada com Bianca naquele café, esqueci por um momento de Dubai e de todas as minhas expectativas por uma vida nova e excitante com pessoas do mundo todo, e decidi me espelhar na minha melhor amiga de infância.

Eu iria ser mãe. Iria gerar uma vida.

Uma vida que eu desrespeitei por uma semana, mas que ainda não era muito tarde para voltar atrás, afinal, o médico disse que o bebê estava supersaudável e os batimentos cardíacos estavam normais.

Eu tinha que tentar, afinal. Não tinha muita opção.

Comecei a tentar nutrir esse sentimento considerado nobre e grandioso, mas confesso que eu ainda não me sentia mãe. Não tinha aquele frio na barriga, aquela empolgação para comprar roupinhas de neném, talco e fraldas. Não pensava em nomes nem em como iria criar ou amamentar. Mas eu me daria uma chance para deixar tudo isso crescer em mim, pois eu ainda tinha sete meses para me adaptar. Havia tempo hábil para isso e eventualmente isso surgiria. *Tinha que surgir.*

Agradeci muito a Bianca pela paciência e levei o exame para casa para contar para os meus pais. Eu tinha que tratar disso como um *band-aid*: quanto mais rápido a gente arranca, menos sente a dor.

Ia dar tudo certo. Eu sabia disso.

***

Cheguei em casa e não encontrei a minha mãe. Imaginei que ela tivesse saído e enviei uma mensagem pedindo para conversar com ela.

Eu estava no meu quarto, nervosa e apreensiva. Meu pai estava trabalhando e meu irmão jogando no computador. Ambos não faziam a menor ideia do que estava acontecendo comigo e eu não sabia se eu teria forças para compartilhar isso com eles.

Em menos de dez minutos ela apareceu na minha porta, assustada. Ela estava claramente muito preocupada comigo.

Pedi para que ela se sentasse na cama, pois eu tinha algo para contar.

— Mãe, eu não vou mais para Dubai.

— Por que, Mari? O que aconteceu? – Ela estava ansiosa e quase apavorada. Entreguei o teste na mão dela e pedi que abrisse.

Ela leu, mas não conseguiu entender direito o que estava acontecendo.

— Mãe, eu estou grávida.

Momento de desespero, misturado com alívio e confusão.

— O quê? Como assim, Mari? – Ela olhou novamente o papel e viu as fotos. – MEU DEUS, FILHA!

Começou a chorar e me abraçou, apertado.

Chorei mais ainda. Mas eu sorria. Não sei dizer se era de desespero ou de alívio. Ela ainda estava em choque olhando para os exames.

— Meu Deus, Mari. Eu achei que você estava doente! A sua vida vai mudar completamente! Eu estava preocupada demais. Sabia que havia alguma coisa de errado.

Ela parou por um momento e sorriu para mim.

— Eu vou ser avó?

Choramos juntas e ela conseguiu respirar, finalmente aliviada por saber que eu não estava doente.

Não era uma doença grave, eu não estava devendo para algum traficante nem nada do tipo. Eu apenas tinha um ser dentro de mim que, pelo que eu tinha percebido, queria vir de qualquer forma.

CAPÍTULO 40

Eu contei a ela que havia tentado tirar com remédios. Ela ficou chocada com isso. Acho que essa era a primeira vez que ela estava entrando em contato com o assunto e eu conhecia bem o sentimento de desconforto. Foi assim que me senti quando soube que Becca havia passado por isso.

Falei tudo o que passei, contei a ela que eu já sabia havia quase duas semanas, mas que, agora, eu havia decidido que seguiria com a gestação e que precisaria dela mais do que nunca.

Ela perguntou sobre o pai e eu expliquei mais ou menos toda a confusão que fiz com as datas. Ela não me julgou em nenhum momento, apenas se preocupou em saber como estava a minha cabeça com tudo isso. Mas era bem difícil tentar explicar tudo, principalmente porque nem eu me entendia.

Nesse momento em específico eu me sentia estranha. Eu sabia que essa era a coisa certa a ser feita, claro. Fomos ensinados que um aborto não é correto. Fizeram uma lei para comprovar isso. As religiões vieram para endossar isso também. Mas, ao mesmo tempo em que, enfim, eu me sentia amparada pela legalidade da minha situação, nesse dia eu imaginei uma bola de ferro sendo colocada em um dos meus pés.

A partir de então eu tinha certeza de que nunca mais conseguiria ser livre – pelo menos, não como eu havia imaginado e projetado.

***

Minha mãe ficou animada para contar ao meu pai. No início ele não entendeu muito bem, mas assim que mostrei o exame ele se emocionou. Eu fiz questão de repetir qual era a minha realidade para que ele soubesse com o que ele estava concordando.

— Estou desempregada, não sou casada, não tenho certeza de quem é o pai nem se ele vai participar, não tenho renda... Vocês me aceitam mesmo assim?

Eu tinha certeza de que eu não seria recebida de forma diferente.

Eu e meu pai tivemos algumas discussões em outra época por conta de pensamentos políticos e ideologias contrárias. Houve uma vez em que estávamos discutindo justamente sobre o aborto e eu bati na mesa defendendo, ao passo que ele falou claramente que isso era errado na concepção dele. No dia que contei da minha gravidez, ele sentiu um pequeno triunfo sobre essa discussão e me alfinetou:

— E agora que é com você, você concorda tanto assim com um aborto?

Sem pensar, eu respondi:

— Eu tentei interromper a gravidez. Três vezes. Se eu vim contar para vocês é porque não tive sucesso com as tentativas e agora estou sem opções.

Não era o que ele queria ouvir. Pode ter sido um choque, mas eu precisava deixar muito claro o meu posicionamento. Desde o início, qualquer pessoa que soubesse da gravidez sabia também da minha insatisfação pela situação. Isso era totalmente inconsciente da minha parte, pois quando eu percebia, já tinha falado: *"Pois é, mas no começo foi difícil aceitar"*.

Contei ao meu irmão também, que me abraçou forte e ficou feliz, porém não se envolveu muito com a situação. Fiquei feliz por isso. Quanto menos gente para se preocupar, melhor.

Mas eu precisava começar a aceitar. Eu não podia começar a contar para as pessoas e aí, de repente, desmentir tudo. Além disso, eu tinha outro problema que eu mesma havia criado: contei para Deus e o mundo que estava indo viajar. Pessoas queriam me ver e me ligar para poder dar tchau e me desejar uma boa viagem – o que não ia acontecer. Eu tinha que contar a verdade para cada uma delas.

Eu começaria pelos meus amigos mais próximos, que iriam se reunir na casa da Bianca na terça à noite, e no dia seguinte lidaria com a minha família: vó, vô e tia.

CAPÍTULO 41

Cheguei cedo na Bianca e levei o exame. Eu não sabia uma forma melhor de contar tudo. Acho que essa era uma prova de que não estava fazendo piada da situação, afinal, quem me conhecia de verdade sabia que ser mãe não estava e nunca nem esteve nos meus planos.

Rúbia, a irmã de Bianca, que eu conheço desde pequena, ficou em choque. Felicíssima por mim. Abraçou-me muito e disse que a notícia era maravilhosa. Um dos meus melhores amigos também estava lá com a namorada e, logicamente, em um primeiro momento não acreditou em mim. Tive que mostrar o exame.

Passado o choque inicial de todos e a minha constatação de que aquele era o primeiro dia em que eu estava aceitando a minha situação, as piadas começaram e o clima ficou mais leve.

Contei sobre o nome Halila, sobre o possível *baby ménage* (apesar de as semanas não me deixarem mentir ainda havia alguma coisa naquela possibilidade que me incomodava muito). Falamos sobre chá de bebê, sobre possíveis nomes, fizemos aquelas brincadeiras de vó para tentar adivinhar o sexo do bebê e conversamos sobre muita coisa relacionada ao assunto.

Foi tudo muito assustador para mim.

Eu não podia deixar isso transparecer, afinal, eu tinha que ser forte. Porém, por dentro, todo aquele assunto sobre criação de crianças e como eu iria conseguir uma renda para poder criar, como eu iria contar para o possível pai, o que eu estava sentindo de mudanças, como meu corpo iria ficar... Todos, sem exceção, eram assuntos extremamente desagradáveis para mim. Eu preferia mil vezes estar falando sobre as vergonhas que eu passava no meu antigo trabalho do que sobre isso.

Mas eu sobrevivi à noite. Sem um pingo de álcool e sem nenhum cigarro. O que já era impressionante por si só.

Voltei para casa sobríssima, mas a minha vontade mesmo era ter enchido a cara. Só a vontade emocional mesmo, pois fisicamente eu não conseguia nem sentir o cheiro de álcool e de cigarro. Tudo me embrulhava demais o estômago.

Minha mãe havia me avisado mais cedo que ela tinha horário na médica dela no dia seguinte e perguntou se eu não gostaria de ir junto para poder tirar algumas dúvidas. Achei justo, pois eu ainda nem tinha pensado no que fazer primeiro.

Fui me deitar apenas aguardando mais um dia chegar. Eu não me sentia bem, mas sentia que isso ia passar em algum momento. Era só guardar o sentimento comigo.

CAPÍTULO 42

<u>**29 de junho – terça-feira**</u>

Acordei suando. Tive vários pesadelos durante a noite.

Não me lembrava especificamente de muita coisa, mas os sonhos sempre envolviam o meu corpo e as possíveis mudanças drásticas que ele sofreria: ou eu sentia que estava com meus seios vazando leite ou que eu estava gorda demais e não conseguia ver os meus pés, ou, ainda, que nenhuma roupa me cabia.... Acho que fiquei impressionada com a Bianca contando que o quadril da mulher "abre" nas últimas semanas para que o bebê possa passar no canal vaginal.

Tudo me parecia um pouco grosseiro demais para ser verdade. O que me confortava é que eu ainda tinha alguns meses para começar a sentir realmente essas mudanças drásticas.

***

No consultório, a médica da minha mãe ficou muito feliz em saber que ela seria avó. Quando me perguntou como eu estava, desabei a chorar novamente e eu só pensava em me desculpar. *Malditos hormônios.* Contei um pouco da ladainha toda e, principalmente sobre a dúvida do pai. Aproveitei para sanar a minha dúvida. Mostrei meu exame e o meu aplicativo em que constavam as semanas e com quem eu havia ficado.

Segundo ela, se naquela semana do dia oito o Rodrigo era o único que havia sido sem preservativo, a chance de ser ele era enorme.

Ainda perguntei sobre Yuri, mas ela disse que eu estava de mais tempo e não tinha como ser ele.

Engoli em seco. Então era verdade, afinal? Rodrigo era o pai?

Aquele cara por quem eu tive uma paixonite por tempo demais para ser sincera, que eu transei em uma brincadeira e que depois nunca mais quis nada comigo. O cara que, por mais lindo e perfeito que fosse, não fez a mínima questão de ter qualquer intimidade a mais comigo além da profissional. Esse era o cara com quem eu seria obrigada a ter um vínculo para toda a vida?

"Pelo menos a genética é boa, amiga!", disse Becca, tentando me animar. Eu não estava triste por ser ele. Confesso que ainda estava um pouco mais animada do que quando achava que era o Yuri. O simples fato de o Yuri nunca ter considerado a possibilidade de ser pai batia de frente com a incógnita do Rodrigo.

Eu não sabia qual seria a reação dele e tinha uma esperança de que talvez ele fosse mesmo o *gentleman* que eu sempre achei que ele era. E isso era reconfortante. Só de sentir que eu podia não estar completamente sozinha nessa situação eu já ficava mais animada.

Eu me sentia assim, pois, por mais que a minha família e os meus amigos estivessem dando todo o apoio do mundo, eu sabia que, no final do dia, a responsabilidade parental seria só minha. Além disso, eu sabia que nem o Yuri, nem o Rodrigo, morariam perto de mim. Ambos continuariam em suas cidades natais e por mais que participassem, eu estaria com a criança a maior parte do tempo.

Eu decidi guardar esse fiozinho de esperança e não dizer nada a Rodrigo por enquanto. Eu precisava aceitar estar grávida para, aí então, incluir mais uma pessoa na história. Contar ao Yuri tinha sido diferente, pois o meu sentimento era outro na época. Mas agora eu precisava me entender para poder fazer o outro entender.

Ainda mais quando não havia intimidade alguma com esse outro.

***

Depois do almoço, minha vó aguardava uma ligação minha para poder me despedir antes de viajar. Pedi para ligar por vídeo para poder contar a novidade de que ela iria ser bisavó.

Meus pais queriam ter participado, queriam estar presentes para ver a reação dela. Por algum motivo, porém, eu quis fazer isso sozinha – e soube que estava certa no momento em que contei a novidade. Ela não teve a melhor recepção. Foi um misto de choque com uma falta de reação. Difícil de explicar, mas muito fácil de compreender: ela não ficou feliz, pois ela me conhecia bem demais para isso. Ela sabia que essa era a última coisa que eu queria e não conseguiu esconder a sua surpresa com o meu vacilo.

Essa foi a segunda vez em que fiquei muito mal ao colocar a informação para fora. Eu sabia que isso poderia acontecer e sabia que talvez fosse acontecer mais vezes dali para frente. Quando tomamos uma decisão esperamos que todas as pessoas concordem conosco para que possamos legitimar a situação em que nos enfiamos. Então eu sentia que se todas as pessoas que eu conheço ficassem muito felizes com isso, uma hora eu ficaria também.

Mas quando uma pessoa que você ama muito, que te conhece tão bem, tem o mesmo sentimento que, lá no fundo, você está tentando esconder, é como se estivesse jogando aquele jogo de bloquinhos encaixados, em que em cada rodada uma pessoa tira uma das peças, sempre evitando que o castelo desabe. Sabemos que isso vai acontecer, só não sabemos quando. Depende muito da habilidade e da concentração de cada jogador.

E eu era a única jogadora.

***

No dia seguinte contei para a minha tia que mora em Portugal e a reação dela foi tão ruim quanto a da minha vó. Acho que o choque dela foi maior ainda. Ela não conseguiu nem sorrir com a novidade. Não era julgamento, era preocupação por mim.

Minha tia já morava longe havia muitos anos, mas é a pessoa que mais me entende e com quem eu tenho mais conversas sobre tudo nesta vida. Para ela não fazia sentido me ver grávida. A reação dela foi a mesma de uma grande amiga minha que mora no Rio: ambas me ofereceram opções de aborto. Eu tentei explicar que já tinha tentado, mas não tinha forças para rebater qualquer outra informação.

Eu não tinha coragem de ir em uma clínica e por mais que elas tenham me oferecido essa opção, de formas diferentes, eu não conseguia esboçar nenhuma firmeza em afirmar que isso não iria acontecer. Eu não queria, mas ao mesmo tempo eu realmente não queria estar onde estava.

Eu não aguentava mais sentir demais, saber explicar de menos e sentir minha garganta fechar com um nó muito apertado toda vez que alguém me dava uma saída para aquela situação. Era tudo muito intenso, muito desagradável e muito desconfortável, portanto decidi que precisava voltar a fazer terapia.

CAPÍTULO 43

A única pessoa que realmente tinha que aprender a lidar com tudo isso era eu mesma, então eu entendi que precisava fazer um esforço para isso. Parecia-me um esforço sobre-humano, mas eu faria.

Marquei também, afinal, meu antigo médico ginecologista. Em algum momento eu teria que começar a fazer aquela montanha de exames e monitorar Halila.

Minha mãe tentava me animar sem invadir meu espaço. Ela me oferecia comida o dia inteiro e dizia que se estivesse com desejos essa era a hora. Fomos ao mercado certo dia e ela me fez entrar no corredor de fraldas para comprar um pacote e começar a me acostumar com a ideia.

Eu acho que nunca tinha entrado nesses corredores. Não propositalmente. Não com um objetivo específico, pessoal e intransferível. Mas ali eu estava. Eu olhava assustada para aquela montanha de carinha de bebês impressa nos pacotes. No mesmo momento, Liam enviou no grupo das riquíssimas uma foto dele em frente ao Burj Khalifa.

Fiquei feliz por ele. Queria estar ali com ele. Mas eu estava no mercado, com a minha mãe, no corredor de fraldas. Por isso mesmo resolvi fazer o que faço de melhor quando estou em uma situação de merda: resolvi fazer piada de mim mesma. Entreguei o celular para minha mãe e pedi que tirasse uma foto minha em frente a todas aquelas fraldas para enviar ao grupo.

Era isso ou começar a chorar. Preferi a opção aparentemente feliz.

***

Agora que eu tinha tornado mais ou menos pública a informação da minha gravidez, eu tentava de todo jeito enxotar todo sentimento meu que fosse ruim com relação a isso. Não parecia justo eu continuar sofrendo, então precisava urgentemente tentar ver o lado bom disso.

Bianca me enviou uma página no Instagram sobre "criação neurocompatível", que falava muito sobre a melhor forma de criar um novo ser humano. Achei interessante, lia alguma coisa todos os dias para ver se eu absorvia alguma informação. A verdade é que por mais que eu entendesse tudo o que postavam na página, eu não me via fazendo nada daquilo. Mas isso deveria ser uma questão de tempo...

Comecei a pensar em coisas que me interessariam com relação a ter uma criança, mas não havia muitas coisas na lista. Uma delas era comprar um *tip top* do *Red Hot Chili Peppers*. Era algo fútil, eu sei, mas talvez isso tornasse a situação um pouco mais real e me ajudaria a ver tudo com mais leveza.

Sempre que eu ia tomar banho, eu procurava conversar com Halila. Dizia a ela que tudo daria certo, que agora eu tinha visto como ela era forte e que sabia que tinha que vir, e que eu me esforçaria para ser uma boa mãe. Pedia para que ela tivesse paciência comigo, pois tudo isso era muito novo e muito assustador para mim, mas que eu sabia que ela iria me ajudar.

Era curioso, mas eu pensava no bebê como uma menina mesmo. Bianca, Rúbia, Vivi, Becca e Liam me disseram que sentiram que era uma menina. Eu abracei isso. Seria bonitinho ver uma mini Mari andando por aí.

Minha mãe, no entanto, disse que achava ser um menino. E sabemos que opinião de mãe tem mais peso do que qualquer outra.

Contudo eu continuava chamando o *baby* suruba de Halila, e assim seria até que exames me dissessem o contrário.

O que me incomodava bastante também é que eu não queria comprar "roupas de grávida". Tinha pavor de gastar dinheiro com isso. Assim como gastar dinheiro com roupas de neném, talco e fraldas, mas eu sabia que uma hora isso ia acontecer.

CAPÍTULO 44

1 de julho – quinta-feira

Consegui marcar a consulta com o meu médico para o dia seguinte que liguei. Engraçado que para conseguir um horário com ele não tinha data em menos de dois meses, mas bastou dizer que estava grávida que um horário surgiu para menos de vinte e quatro horas.

Óbvio que era um encaixe e eu demorei quase duas horas para ser atendida. Tive que estender meu horário do estacionamento na rua para poder ficar tranquila.

Contei a ele tudo o que havia acontecido, todas as vezes que tinha tentado o aborto com remédio e o quanto eu ainda não estava feliz com a situação, mas que eu estava tentando mudar o pensamento. O que ele me falou foi que geralmente as mulheres que chegam ao consultório dele na mesma situação que a minha se tornam supermães.

Eu já havia escutado esse discurso várias vezes, de diversas pessoas diferentes: o sentimento viria. O amor que eu sentiria ao ver o bebê era incondicional, eu jamais imaginaria a minha vida sem esse serzinho novamente e eu iria me tornar uma mulher muito forte e feliz. Tudo isso surgiria em algum momento. Fazia parte do "pacote mãe", aparentemente.

O médico me passou uma lista imensa de exames para fazer, preencheu uma ficha de pré-natal e colheu meu preventivo – o que eu achei que não era possível e podia prejudicar Halila. Aconselhou-me também a me inscrever no programa do governo para ter acesso ao hospital de rede pública caso o bebê precisasse de incubadora.

Eu descobri, no mesmo dia em que resolvi ir à maternidade, que o meu plano não tinha obstetrícia – o que na mesma hora me deu um minipânico só de pensar em todos os custos de mais sete meses de gravidez – mais parto. Porém meu médico garantiu que a única coisa que não cobriria mesmo era o dia do parto (que sairia, no mínimo, cinco mil reais) e, claro, a incubadora (que custaria mais ou menos esse valor, só que por dia), caso precisasse.

Além desse conselho, recebi várias orientações, como não tomar café ou comer pimenta, evitar exercícios físicos e tomar um ácido fólico um pouco mais específico para garantir que a formação do tubo neural se desse de forma correta (principalmente depois de ter me entupido de remédio para tentar parar a gestação, a verdade era essa).

Fiquei um pouco preocupada, pois nesse mesmo dia, à tarde, eu havia tomado três xícaras de café. Parecia-me um pouco de hipocrisia estar preocupada por isso depois de tudo o que eu havia tentado nas últimas semanas... Mas, enfim, o ponto aqui é que uma amiga da minha mãe havia ido em casa e eu sentei para conversar com ela, tomando os cafés.

Ultimamente, as pessoas perguntavam como *nós estávamos*. De repente, eu não era mais um ser humano sozinho, eu tinha alguém comigo, então ninguém queria saber apenas de mim. Mas essa amiga, Luara, foi enfática ao me perguntar:

– Que bom que fisicamente você está bem. Eu quero saber como você, Mari, está lidando com tudo isso. Como está a sua cabeça?

Pra que, né? O nó na garganta nem pensou para se formar e já estava saindo junto com um choro abafado. Lágrimas invadiram meus olhos em meio segundo, porém eu respirei e disse que estava tentando lidar. Não estava sendo fácil, mas eu iria dar um jeito.

Todas essas conversas que eu tive, com pessoas que viram essa dor dentro de mim, passavam na minha cabeça no momento da consulta. Eu tinha coisas para perguntar e acabei me esquecendo. Uma dessas coisas era sobre o pai da Halila.

Por mais que uma médica tivesse me dito a data correta do dia que eu havia engravidado, eu ainda não queria acreditar que estivesse grávida do Rodrigo e que tivesse engravidado na mesma semana em que tinha ficado menstruada. Essa parece uma daquelas histórias que a gente escuta que pode acontecer, mas nunca acredita que vai acontecer com a gente – assim como o remédio de aborto falhar. Eu parecia um carrossel de exceções relacionadas a assuntos de gravidez. Será que Halila nasceria com todos os dedos ou seria alguma exceção à regra também?

Eu não pretendia contar a Rodrigo tão rapidamente, então não tinha problema em deixar essa dúvida na minha cabeça por hora. Eu tinha outra consulta na semana seguinte para levar os exames e poderia muito bem lembrar de perguntar sobre isso.

CAPÍTULO 45

A semana foi cheia e confusa e eu não via a hora de ter um momento para respirar. Porém eu sentia que, pelo visto, isso não iria acontecer mais na minha vida.

No mesmo dia da minha primeira consulta com o médico, Becca me deu uma notícia não muito animadora: Rodrigo estava se mudando para a Bahia em menos de uma semana. O mais aconselhável seria contar para ele o quanto antes, assim ele poderia se programar. Além disso, no Rio ele tinha amigos muito próximos, pessoas que podiam estar com ele caso ele entrasse em pânico – assim como Yuri havia tido a Becca.

Eu não queria pensar nisso. Ainda mais por ter esquecido de me certificar com mais um médico se era isso mesmo, se o pai era ele ou se havia alguma chance de eu ter engravidado de um boto.

Meu sonho.

Decidi enviar uma mensagem ao meu médico, já que ele havia dito que estaria disponível. Mandei o *print* do meu aplicativo e pedi que me confirmasse se o pai era mesmo aquele do dia 7 ou se havia alguma possibilidade de ser outro.

Obviamente, ele não me respondeu.

Um médico, ginecologista e obstetra, superconceituado e ocupado, não ia perder tempo com perguntas idiotas como as minhas. Então tive que confiar na médica da minha mãe e no médico que fez o meu primeiro ultrassom: não tinha erro, Rodrigo era o pai.

Com essa informação, totalmente aleatória e sem sentido para mim, combinei com Becca que contaria a ele no final de semana, de preferência uns dois dias antes de ele ir embora, para conseguir fazer as malas em paz.

A vantagem era que ele não bebia, então não precisava encher a cara para absorver a informação. Ganhei um dia aí – quanto mais tarde contasse, melhor para mim.

Antes disso, eu apenas precisei fazer os exames de sangue e de urina. Devo dizer o quão irônico foi colher sangue para os meus exames de gravidez e a enfermeira que me atendeu estar quase parindo. Sua barriga estava enorme e ela teve um momento de empatia comigo, pois sabia que eu chegaria lá também.

Isso me deu pequenas palpitações nada agradáveis.

3 de julho – sábado

Sábado à noite mandei uma mensagem para o Rodrigo e fiquei imaginando-o estranhando o quão aleatório era receber uma mensagem minha num sábado à noite, morando em cidades diferentes e não tendo afinidade nenhuma um com o outro.

Ele me respondeu com um simples «Oi» e eu, sem mais delongas, mandei um áudio de quase dois minutos explicando toda a situação.

Comecei o áudio dizendo que não havia forma fácil de dizer o que eu precisava, mas que eu estava grávida e havia grandes chances de o pai ser ele. Disse que eu achei que estava de menos tempo e, no entanto, havia feito um ultrassom e descoberto que estava de quase oito semanas, e isso batia exatamente com o dia que havíamos ficado. Também informei que eu não estava pedindo nada e que ele podia muito bem tomar o tempo que precisasse para absorver todas as informações e não precisava me responder de imediato.

Além disso, disse que o único motivo pelo qual eu estava contando foi porque fiquei sabendo que ele estava indo embora para a Bahia e talvez precisasse de um ombro amigo.

Ele não demorou muito para me responder. Apenas perguntou se eu sabia quando que nós tínhamos transado. Eu respondi. Depois, quis se certificar, de forma bastante amigável e educada, se havia alguma possibilidade de ter outros na dúvida da paternidade. Eu reforcei que, pelo tempo e pelo exame, a data só batia com ele, porém, independentemente da certeza da data, por não termos nenhuma relação a mais, eu gostaria de fazer um exame de DNA para que não restassem dúvidas.

Mandei mensagem para Becca para saber como ele estava. Eu não conseguia saber, apenas por mensagem de texto, se ele já estava tendo um troço ou não, e eu sabia que ela estava com ele, propositalmente, claro.

Para minha surpresa, ela disse que ele estava quieto, apenas digitando no celular. Não parecia assustado nem nervoso. E foi exatamente isto que ele me falou: estava absorvendo a informação e até que se sentia tranquilo por enquanto.

Reforçou, inclusive, que seu eu tivesse 100% de certeza de que o pai era ele, ele não exigiria exame de paternidade nem fugiria da responsabilidade, e que eu podia contar com ele, mas que, naquele momento, era bastante informação e talvez ele precisasse de uns dias para colocar as ideias no lugar. Achei justíssimo.

Mais tarde conversei com Becca e ela me falou que eu tinha muita sorte, pois Rodrigo era um cara sensacional. Por mais que ele estivesse um pouco chocado, ele foi firme o tempo inteiro, dizendo que não fugiria da responsabilidade e que seria o melhor pai do mundo.

Vou tirar um momento aqui para apontar um alívio momentâneo que eu tive por duas razões especificamente: primeiro, ele não pirou – como eu havia pirado. Segundo, ele disse que iria assumir e que estaria do meu lado. Isso não teve preço.

Essas duas coisas aqueceram meu coração e por um momento, por algumas horas e arrisco dizer aqui que por quase dois dias inteiros, fizeram-me pensar que as coisas dariam muito certo, afinal, eu não me sentia mais sozinha, de jeito nenhum.

CAPÍTULO 46

Rodrigo e eu conversamos mais no domingo e um pouco na segunda-feira.

Ele desabafou bastante comigo, o que me confortou. Ele disse que foi bem difícil encaixar essa ideia na vida dele, mas que faria dar certo de alguma forma. Pensou em como contaria para a família e como levaríamos isso sem morar na mesma cidade. Perguntou se eu já pensava em nomes e quais eram meus planos para dali dois anos.

"Querido", pensei, "eu não sei nem o que vou comer no almoço. Eu tenho zero capacidade de planejar qualquer coisa pra daqui a dois anos". Batemos um pouco de frente com relação a isso, pois ele é organizado ao extremo e eu sou porra louca ao extremo. Ele queria deixar uma vida muito bem planejada e alinhada e eu só estava tentando sobreviver ao dia.

Pensei por um momento que isso talvez fosse me cansar muito em algum momento. Toda essa responsabilidade dele talvez me irritasse e começaríamos a brigar, e talvez eu fosse ter uma péssima relação com o pai da minha filha. Por outro lado, talvez fosse exatamente disso que eu precisava.

Talvez fosse a vida me olhando e dizendo: *"Essa é a oportunidade de aprender com alguém responsável que sabe se organizar e não fazer uma merda a cada cinco minutos"*.

Ao mesmo tempo em que eu tinha receio de perder essa oportunidade, de me tornar um ser humano melhor, Rodrigo ainda não tinha tido contato com os hormônios da minha gravidez e, assim como Yuri, a qualquer momento ele poderia ser a próxima vítima das minhas grosserias sem sentido e totalmente injustificáveis. Eu não conseguiria segurar isso por muito tempo.

Recebi o resultado dos exames na segunda-feira e na terça mesmo já levaria todos os resultados para o doutor e seguir com o pré-natal.

6 de julho – terça-feira

Tudo perfeita e estranhamente normal. Confesso que achei que alguma coisa de ruim apareceria nos exames pelas tentativas que eu tinha feito com o remédio, mas aparentemente tudo estava ok. O doutor pediu que eu apenas marcasse uma ecografia quando estivesse próximo dos três meses e estava quase encerrando a consulta quando lembrei, finalmente, de perguntar sobre o pai.

Expliquei toda a ladainha das semanas, os dias que eu achei em que estava, no fim o dia que realmente a minha gravidez havia começado a contar e como eu tinha achado estranho ter engravidado na mesma semana em que havia menstruado. Ele, então, foi categórico:

— É porque você não engravidou nessa semana.

Ahn? Gelei por um segundo e ele viu que eu fiquei perdida.

— A gravidez começa a contar a partir do primeiro dia da sua última amenorreia, ou seja, digamos que o tempo de "preparação" do útero também entra na conta. Veja, de quanto tempo é uma gestação?

— Nove meses...

— Sim, mas quantas semanas?

— Não sei...

— São trinta e oito semanas geralmente. Agora, quantas semanas tem um mês?

— Quatro?

Toda essa matemática estava me dando dor de cabeça já.

— E quanto é quatro vezes nove?

— Trinta e seis...?

— Ou seja? Essas duas semanas anteriores contam também. Além disso, é claro, algumas gestações podem se estender até quarenta semanas ou um pouco mais.

— Então... Eu não engravidei na semana do dia 8? O mais certo é o que eu achei desde o começo? No dia do meu aniversário?

— É, de acordo com o calendário, sim.

— Existe alguma chance de isso estar errado?

— Nenhuma. Te garanto.

— Mas... Por que ninguém explica isso direito? A médica da minha mãe me confirmou exatamente o contrário!

— Ela é obstetra?

— Não sei... Acho que só ginecologista.

— Pode ser por isso... Algumas pessoas confundem.

— Mas ela é médica! O médico que fez o meu ultrassom também disse que eu tinha engravidado naquela semana!

— Foi no seu aniversário. – Ele foi enfático.

Merda!

— Mas isso é um absurdo! As pessoas não podem dar essa desinformação! Fiz uma pessoa passar por um inferno, agora outra, e agora vou ter que voltar na história original?

Eu estava começando a passar mal. Meu estômago embrulhou, comecei a suar frio. Eu não estava acreditando que eu ia ter que falar com o Rodrigo *e* com o Yuri novamente.

Fodeu, fodeu de vez... Fodeu muito!

Eu não aguentava mais essa situação de merda. Parecia areia movediça, quanto mais eu me mexia mais me afundava e a respiração ficava mais difícil.

Eu não via nenhuma saída.

Novamente eu estava sozinha.

CAPÍTULO 47

Aguardando a recepcionista anotar o número do exame da ecografia na guia do plano de saúde já comecei a digitar a mensagem para o Rodrigo, informando que ele podia respirar mais tranquilamente. Ele apenas me respondeu mais tarde que depois dessa ele nunca mais ia respirar tranquilamente, mas que se eu precisasse ele ainda estaria lá...

Por outro lado, eu sabia que causaria sofrimento de novo para o Yuri, portanto escrevi em poucas palavras o que o médico tinha me explicado. Disse que não estava pedindo nada e que precisava de um tempo sozinha para absorver tudo. Eu não ia aguentar o cabo de guerra com ele mais uma vez, então preferi me isolar.

Mandei uma mensagem rápida para Becca para explicar toda a confusão. No final da mensagem eu escrevi: «Halila, afinal, não vai ter pai». Logo em seguida ela me mandou um áudio me lembrando que algumas semanas antes de eu saber que estava grávida eu havia tido um sonho muito bizarro. Tão bizarro e real que tinham compartilhado com eles (Liam e Becca).

No sonho, eu engravidei, minha barriga cresceu, eu pari, a criança cresceu e virou uma adolescente. Todos esses anos se passaram em poucas horas de sono, porém cada detalhe era muito vivo na minha memória. Eu me lembro da sensação do meu corpo com a barriga grande, lembro-me da dor e do desconforto do parto, lembro-me de olhar para o bebê e conversar com ele, e mais tarde com a criança e com a adolescente. Lembro-me de detalhes como se fossem memórias de uma vida mesmo.

Agora, o mais bizarro de tudo é que o que eu tinha de mais nítido nesse sonho era o fato de essa criança não ter pai. Ela era só minha e eu tinha consciência e certeza disso no sonho. Não é porque o pai havia fugido ou não estava presente. Não. Ela tinha sido criada só com os meus genes.

Eu compartilhei isso com eles, pois realmente fiquei chocada com a riqueza de detalhes das imagens e das sensações que o sonho me trouxera. Por um momento parecia que eu estava vivendo exatamente aquilo.

E isso me trouxe uma tristeza profunda.

Eu não queria mais ninguém dando palpite, dando dicas, colocando-me para cima ou para baixo, falando de gravidez comigo. No momento em que saí do consultório, eu senti que me fechei emocional e fisicamente para outras pessoas. Eu não queria ser cutucada nem incomodada. Eu precisava tentar sentir e entender tudo sozinha antes de compartilhar com alguém. Só que estava difícil.

No final da tarde fui à primeira consulta com a minha terapeuta. Contei o resumão da história em meio a um rio de lágrimas e muitos soluços. Se ela conseguiu entender metade da história já me sinto vitoriosa, pois realmente estava triste demais tentar seguir a minha linha de raciocínio.

Naquele final de tarde, ali, naquela sala, senti que aquele era um lugar em que eu conseguia me abrir sem julgamentos. Portanto decidi que esse seria o único lugar, afinal. Todo o resto do mundo teria que esperar.

Cheguei em casa e comecei pelos meus pais. Depois de empurrar o jantar, olhei para eles e pedi que entendessem que para mim a situação estava bem difícil de lidar e que talvez eu não quisesse conversar sobre a gravidez no momento. Minha mãe chegou a me pedir desculpas por ter me feito comprar o pacote de fraldas, mas eu não me senti forçada a nada naquele momento e deixei isso claro para ela. Eles entenderam e disseram que iriam respeitar meu espaço.

Assim como Yuri, Becca, Liam e qualquer outra pessoa que veio perguntar qualquer coisa. Fechei-me para todos, eu não queria ninguém comigo naquele momento.

Eu precisava de algo que me anestesiasse ou pelo menos me distraísse do mundo real. Não podiam ser drogas, infelizmente. Eu mataria por um cigarro e uma cerveja, mas o enjoo diário discordava de mim.

Em algum momento, meus pais tentaram me animar para ver alguma série. Ligamos em uma de humor e eu me encorujei no sofá para assistir. Era divertida e me entreteu além da tela do celular. Fiquei animada.

No dia seguinte, porém, um dos episódios da série me trouxe um gatilho fortíssimo, e eu não consegui sair mais do pensamento.

Uma personagem da série engravidou e não sabia quem era o pai. Na dúvida, ela chamou quatro caras, disse a eles que estava grávida, mas que não queria continuar a gravidez. Então pediu para eles dividirem oito mil reais e foi em uma clínica de aborto e resolveu a questão em apenas um dia.

"É tão simples", pensei.

O sofrimento dela acabou em menos de dois dias e um episódio. E eu estava lá, sofrendo semanas a fio. E agora, com essa nova onda de tristeza por conta da história do pai, eu não sabia quanto tempo mais ficaria nessa depressão. Parecia insuportável.

"E é tão fácil de resolver". Isso martelava na minha cabeça.

Até a minha feição mudou e eu fui dormir logo depois que o episódio acabou.

CAPÍTULO 48

Assim como aconteceu em vários outros dias, eu dormi e acordei chorando, e no meio disso tive vários pesadelos desagradáveis. Exceto que, agora, os pesadelos começaram a ser exatamente aquilo que eu tentara tantas vezes e agora me via sem coragem para fazer: um aborto.

Eu só sonhava com isso depois desse dia.

Tanto dormindo quanto acordada. Quanto mais eu tentava resistir, mais à vontade crescia dentro de mim. Agora, porém, essa situação era ainda pior.

As pessoas estavam começando a receber a notícia de que eu estava grávida e ficavam felizes por mim. Cada pessoa que ficava feliz fazia eu me sentir pior por querer tirar. Mas dessa vez de forma definitiva.

Tentei conversar com Halila, porém num tom totalmente desesperado. Eu pedia com todas as minhas forças que ela desistisse de vir de uma vez por todas, assim eu não teria que tomar essa decisão.

Resolvi conversar com outra conhecida minha que lia tarot para ver se eu recebia alguma luz, algum *insight*, qualquer coisa que me ajudasse a aceitar ou a decidir de vez.

Nas minhas conversas com ela, algumas coisas foram cruciais para o rumo das minhas decisões a partir desse dia.

Primeiro, ela disse que a minha viagem seria ótima e que muita coisa boa ia acontecer. Ela viu que eu me mudaria em breve de cidade de novo e que havia algum dinheiro de família, alguma herança, para receber. Falou várias coisas legais, e por mais que eu estivesse adorando as notícias, fiquei confusa e resolvi falar para ela também que eu estava grávida. Assim como a minha outra amiga, ela não me falou nada sobre a gravidez.

E ela também ficou confusa. Ela conversou um pouco comigo e eu falei para ela que não queria a gravidez. Comecei a chorar tudo de novo e ela me entendeu. Disse que quando engravidou também tinha entrado em pânico e demorado para aceitar, e que por isso mesmo ela queria me ajudar e faria um tratamento na radiônica para mim. Pediu para eu desconsiderar o jogo e que abriria para mim novamente, no dia seguinte, junto à mesa para fazer o tratamento.

No outro dia, no mesmo horário, eu estava lá.

Aguardando um milagre, uma luz, sei lá.

Ela abriu os trabalhos para mim e começou a medir as energias, minha e de Halila. Como esperado, estávamos totalmente desconectadas. A minha era quase nula e a do bebê muito acima do esperado. Ela fez alguns trabalhos e algumas orações para equilibrar isso.

Depois, ela me informou que havia uma possibilidade de eu ter uma depressão pós-parto e que eu teria que trabalhar muita coisa para evitar que isso acontecesse, ou que fosse de forma mais branda.

Por último, ela me informou que havia uma grande chance de a criança ser um menino e vir com um grau de autismo, mesmo que pequeno. Para evitar isso, eu teria que fazer um trabalho muito intenso e muito pesado de aceitação e de reequilíbrio para que o bebê ficasse bem. Ela me passou várias orações e vários pensamentos para mentalizar as boas energias desses trabalhos.

Tudo isso me sufocava.

Muito.

A informação sobre um possível autismo...

Era óbvio! Eu havia tentado abortar três vezes. Claro que isso teria consequências. A culpa começou a tomar conta de mim de uma forma inesperada e desconfortável e uma crise de ansiedade começou a se desenhar.

Depois, todo esse esforço para conseguir uma coisa que eu não queria: um filho! Todas as palavras e os pensamentos positivos eram para garantir uma gestação saudável. Eu não queria uma gestação, em primeiro lugar. Mas se ela tivesse que acontecer, lógico que eu preferia que fosse saudável. Porém, se eu tivesse que me esforçar para isso, parecia um pouco irracional demais da minha parte. Eu teria que me esforçar em dobro e policiar meus pensamentos por mais sete meses. Não parecia justo.

Nada disso, repito, *nada* dessa situação me parecia justa. Tudo parecia um esforço sobre-humano e eu não queria fazer isso.

Eu tinha uma saída.

Eu tinha visto isso na série.

Era só ir a uma clínica clandestina.

CAPÍTULO 49

Acordei no dia seguinte com pesadelos, novamente.

Eu lembrava dos sonhos, nitidamente. Todos eles envolviam aborto, sempre. Apesar da situação parecer a minha única saída de uma realidade impossível de aceitar, a situação em si me apavorava.

Ligar para uma clínica, pedir uma consulta, ser cautelosa com palavras ou não ter os comentários do médico na internet para saber se eu estava me enfiando em uma roubada era perturbador. Para quem não sabe, essas coisas não são divulgadas. Ninguém entra na rede social do médico e comenta: "Ele foi ótimo e supercompreensivo com a minha decisão de terminar a gestação. Senti muita confiança e o procedimento foi extremamente seguro. Recomendo".

É apenas por indicação de uma amiga, que conhece alguém que tem uma prima que fez. E deu certo. *Nada mais*. O mais próximo que eu tinha de um amparo era a Becca, pois eu sabia que ela tinha passado por um aborto induzido. Porém ela não estava em Registro e não tinha precisado recorrer a uma clínica. Mais uma vez, eu me sentia sozinha demais.

Meu maior problema no momento era saber que as pessoas estavam animadas com a minha gestação e que eu teria que acabar com as expectativas delas de alguma forma. Mas eu não sabia como ainda. Eu não tinha paciência para isso. Meus hormônios não colaboravam.

Decidi me distrair e comecei a jogar no celular. Achei uma espécie de *Sudoku* misturado com quebra-cabeças e me viciei. No dia seguinte, apareceu como propaganda um jogo de moda para montar *outfits* e comprar roupas. Viciei mais ainda. Eu passei a ir dormir muito tarde jogando esses jogos e ignorando qualquer interação social.

Eu recebia mensagens de amigos e demorava muito tempo para responder. Eu não sabia o que responder, na verdade. Decidi, afinal, em algum momento, dizer a verdade: eu não estava bem. Estava passando por algumas coisas e quando melhorasse entrava em contato.

Fiz isso com todo mundo e me isolei. Inclusive, saí de todas as redes sociais possíveis.

Eu me sentia segura no meu joguinho de moda e quebra-cabeças. Nada parecia fugir do meu controle ali. Se um *Sudoku* dava errado, eu começava de novo e ia até o final para conseguir vencer. Com relação ao jogo de moda, pelo tanto de horas que eu ficava no bendito, eu não perdia nenhuma missão e estava sempre conseguindo tudo o que precisava para passar de fase. Era gratificante, feliz e seguro.

Tinha dias que eu não tinha vontade nem motivação para tirar o pijama. Tudo era um esforço muito grande e a minha cama parecia sempre o lugar mais confortável do mundo. Mas por mais que eu me sentisse sozinha, eu não conseguia me expor para ninguém. O único lugar em que eu me abria e chorava tudo o que eu podia era na terapia. Entretanto era para isso que eu pagava toda semana. Alguém tinha que me escutar. Era um escape necessário.

CAPÍTULO 50

Alguns dias se passaram e eles se resumiam a jogos no celular, enjoos, silêncio e angústias. Eu mal conseguia sorrir.

Minha mãe percebia cada mudança de humor minha e se sentiu na obrigação de tentar me ajudar de alguma forma. Ela e minha tia disseram que seria legal se eu conversasse com quem já tinha passado por isso alguma vez e essa pessoa era a amiga delas: Larissa.

Relutei uns dias, mas resolvi ir conversar.

Falar com alguém com quem eu ainda não tinha tido contato ou com toda minha situação parecia uma ideia ok. Eu poderia, afinal, ter outra perspectiva.

Enviei uma mensagem e me senti abraçada por ela de longe, pois ela sugeriu que eu fosse em um horário em que ela estivesse sozinha em casa para que se eu tivesse que chorar, eu chorasse à vontade. Aparentemente, isso era o que eu mais fazia nos últimos dias, além de jogar no celular e dormir. Era óbvio que ela já sabia da minha situação, por isso me chamou para tomar um chá na casa dela. Decidi ir na terça-feira.

13 de julho – terça-feira

Chegando lá, Larissa me recebeu com a sua bebê no colo. Subimos a escada do prédio dela e ela já me jogou a primeira informação importante: *"Sua mãe e sua tia disseram pra eu conversar com você sobre a gravidez e eu questionei: vocês têm certeza de que eu sou a melhor pessoa pra isso? Afinal, você sabe que eu já abortei, né? Inclusive, quando des-*

cobri dessa daqui – e apontou para o bebê no colo dela – *esse foi meu primeiro instinto"*. A bebê sorriu com a informação, olhando para mim.

A filha dela era encantadora. Eu não conseguia tirar os olhos dela. E olha que eu não sou de me encantar com criança nenhuma, nunca. Mas ela fazia parecer que as coisas poderiam ser suportáveis caso eu decidisse seguir em frente de alguma forma com a gestação.

Eu comecei a contar a Larissa tudo o que havia acontecido, tudo o que eu sentia naquele momento, toda a sensação de que a minha vida tinha acabado e o quanto eu não me via sendo mãe em momento algum da minha vida. Era nítido o tanto que ela se identificava com o meu sentimento. E eu achava incrível que ela não se policiava para ter cautela em falar perto da filha sobre tudo isso. A bebê tinha apenas dez meses, mas sorria para tudo e prestava atenção em cada palavra da conversa.

Larissa fez com que eu não me sentisse um *alien* pelo fato de não querer gerar outra vida e que eu me sentisse compreendida de uma forma que ninguém à minha volta conseguia fazer. Ela não me incentivou a tomar decisão nenhuma, mas ela me mostrou tudo o que eu precisava ver para decidir sozinha.

Assim como a minha conhecida que abriu o tarot na semana anterior, ela disse que tinha aberto uma mandala para mim e viu que a criança seria um menino e que havia grandes chances de vir com algum grau de autismo ou de qualquer espécie de atenção maior. Além disso, a possibilidade de uma depressão pós-parto não era descartada facilmente.

Falamos sobre a possibilidade de aborto e como a doutrina espírita dela é a mesma que a minha, ela me confortou um pouco dizendo que quando ela fez, ela descobriu que a alma só se une ao corpo físico depois de doze semanas ou mais, ou seja, eu ainda tinha um tempo para pensar, respirar e me sentir "menos assassina" caso resolvesse seguir com a interrupção. Isso, afinal, era algo que me assombrava muito em segredo.

Escutei também a visão dela sobre educação, sobre a opinião do outro sobre a nossa vida, sobre a nossa autossabotagem, sobre crenças-limitantes, sobre desejos e poder de realização. Além disso, sobre o papel importantíssimo que o marido dela teve em cada etapa da gravidez e da maternidade. Sem ele, ela não teria feito nada. Isso martelou muito na minha cabeça – a criança ter um pai é muito diferente de eu ter um companheiro de vida. *Eu não tinha.* Isso era um fato.

Eu me sentia sozinha em uma situação pela qual eu não queria passar. Esse é o problema. Eu já tinha feito tanta coisa sozinha na minha vida e nunca havia reclamado de nada. Agora, fazer algo que não queria e ter que lidar sozinha com aquilo não me parecia certo e não fazia sentido.

Larissa me mostrou também o lado incrível da gravidez dela e eu pude ver o amor e a coragem com que ela bateu no peito para levar a gestação adiante, mesmo sentindo tudo o que eu sentia.

Todas as informações que ela me deu e toda a transparência dela em falar dos seus sentimentos foram fundamentais para tomar a decisão mais difícil da minha vida, mas talvez a mais necessária: eu não iria ser mãe.

E ponto.

Eu não conseguia bancar tudo aquilo que a gestação exigiria de mim. Na verdade, o verbo está errado nessa frase. O correto é: eu não *queria* bancar.

Eu não queria bater no peito e falar que a criança era minha e que eu criava da forma que eu achasse melhor. Eu não queria abrir mão da vida que eu tinha planejado para mim e me reinventar. Eu não queria ter que peitar todo mundo e botar um sorrisão no rosto. Eu não estava feliz nem segura o suficiente para isso.

Essa conversa com Larissa foi importante de diversas formas.

Talvez tenha sido a conversa mais sincera que eu já tive com alguém, a conversa mais desafiadora, a que mais me fez pensar e ponderar possibilidades e a que mais me ajudou a decidir meus próximos passos.

Imaginei ficar na casa dela no máximo umas duas horas, pois sabia que ela tinha uma reunião no meio da tarde, mas quando vi já tinham se passado quase cinco horas. Eu me sentia um pouco culpada por ter tomado o tempo dela, mas ao mesmo tempo me sentia leve, compreendida e abraçada.

Esse foi o segundo momento decisivo que eu tive com relação a essa situação.

***

Despedi-me e saí da casa dela esperançosa.

Larissa me deu o telefone da médica que fez o aborto dela, dez anos antes. Mas essa era a opção que eu tinha em mãos no momento. Eu guardei o papel com muito cuidado.

Cheguei em casa e minha mãe estava ansiosa para saber como eu estava e como tinha sido a conversa. Como a decisão estava muito clara na minha cabeça, eu decidi ser sincera com ela:

— Você quer saber mesmo? De verdade?

Ela assentiu e eu falei tudo o que eu estava sentindo: eu queria interromper a gravidez.

Era raro minha mãe me decepcionar. Ela sempre estava do meu lado, sempre, independentemente do que acontecesse. Dessa vez não foi diferente. Ela me abraçou e disse que para ela estava difícil me ver mal e que não conseguia me ver exercendo esse papel de mãe. Ela só queria me ver bem de novo e se eu tivesse que fazer isso para ficar bem, ela estaria do meu lado.

Fiquei muito agradecida e um pouco surpresa, pois esperava um pouco de decepção em seu olhar de alguma forma, mesmo que involuntário – e eu não vi isso. Ela estava sendo sincera do começo ao fim da nossa conversa.

As emoções estavam tão afloradas e o clima de honestidade estava tão intenso que ela quis incluir meu pai no assunto.

— Mari, conta pra ele. Eu tenho certeza de que ele vai entender também.

CAPÍTULO 51

— Mãe, ele não vai entender.

— Vai sim, Mari. Eu sei que ele vai. Vamos contar juntas. Ele vai ficar do seu lado.

Chamei meu pai e contei resumidamente os meus sentimentos e quais seriam meus próximos passos.

Eu devia me escutar mais. Eu devo me escutar mais. A minha intuição é sempre boa. Eu que escolho, deliberadamente, não a escutar algumas vezes.

A cara de decepção e desgosto que ele fez foi inesquecível.

Eu tentei me justificar para tentar mudar a sua expressão, mas não consegui. Ele não conseguia olhar para mim. A única coisa que conseguiu comentar foi:

— Evitar era tão fácil... Isso vai contra tudo o que eu acredito. Mas eu tenho que respeitar.

E me deixou com os meus pensamentos.

Eu sei que para ele foi um esforço sem tamanho não me julgar de todas as formas possíveis, pelo menos não explicitamente. Porém isso não diminuía a minha vontade de me enfiar em um buraco e não sair nunca mais.

Eu não podia exigir compreensão imediata das pessoas. Eu mesma demorei para aceitar a decisão que eu estava tomando. Mas assim como quando eu decidi contar para as pessoas que eu estava grávida para tentar aceitar melhor a situação, nesse momento, em que eu estava querendo fazer algo que ia contra tudo o que muitas pessoas acreditavam, eu precisava desesperadamente de pessoas que me apoiassem cegamente para que eu tivesse mais coragem e mais certeza do que eu estava fazendo.

***

Nos dias que se passaram, o clima na minha casa pesou demais. Meu pai tentava me tratar normalmente, mas eu via na expressão da minha mãe que as coisas não estavam boas. Eu a pegava chorando de vez em quando e com os olhos vermelhos. Eu sabia que ela estava tentando apaziguar a situação com ele, mas eu também sabia que ela não teria sucesso.

Decidimos conversar com uma amiga dela, que é sexóloga, entre outras mil coisas legais, pois senti que a minha mãe também precisava entender a situação do aborto. Para ela não era nada fácil aceitar tudo isso. Eu mesma quase não estava aceitando.

Luara nos recebeu na sua casa com café e bolo e nos deixou à vontade para chorar e desabafar. Ela nos passou a visão dela sobre o meu direito de decidir sobre a minha vida, e quando comentamos sobre o meu pai ela simplesmente disse: *"Sem útero, sem opinião"*.

Simples assim.

Ela nos explicou que na sociedade patriarcal em que vivemos, os homens nunca entenderão e nunca sentirão na pele todos os estigmas que as mulheres carregam. Tudo o que esperam de nós (ser boa mãe, boa esposa, dona de casa, não ser puta, não ser promíscua etc.), tudo isso, apenas nós carregamos. Então é muito fácil apontar o dedo para nós e dizer que era *"só ter fechado as pernas"* ou *"só ter colocado preservativo"* – como se nós não pudéssemos ser passíveis de erros.

E o parceiro? Também não tem opinião. O corpo que vai sofrer as mudanças de uma gestação era o meu. Então não, Yuri não tinha que dar pitaco em nada. Nem pedir para eu abortar, nem pedir para manter. Se ele escolhesse não participar, aí a gente que lide depois com a situação com muita terapia. Porém a decisão de fazer qualquer coisa com o meu corpo era só minha.

154

Ela ainda me disse o seguinte:

— Eu não sou a favor do aborto. Você também não, a sua mãe também não. Ninguém levanta a bandeira dizendo que o aborto tem que ser feito sempre. Não é isso. Ainda mais eu, que um dia pretendo ser mãe. Eu adoro criança. Mas estamos falando da sua vida. Ela é a mais importante no momento. Então eu vou, sim, colocar os seus direitos acima de tudo e estarei aqui para o que precisar.

Sem mais delongas, já contatou uma amiga que trabalhava em um hospital e provavelmente tinha algum contato em Registro. Eu falei que tinha o número que havia pegado com a Larissa, mas ainda não tinha tido coragem de ligar, mas que eu ia tentar, afinal. Ela ofereceu também a casa dela para eu ficar, dessa forma meu pai não precisaria me ver em casa nem saber o que tinha acontecido quando o aborto ocorresse.

Senti-me segura e esperançosa. Eu estava no início da nona semana. Havia tempo hábil o suficiente para fazer tudo e não prejudicar a pobre alma de Halila.

CAPÍTULO 52

Eu imaginava que em questão de poucos dias tudo estaria resolvido. Minha vó nos chamou para irmos à praia no final de semana. Como era terça-feira, eu imaginava que no máximo até sexta-feira já estaria tudo bem e poderíamos continuar a vida normalmente.

O primeiro empecilho foi que meu pai se recusou a descer para a praia. Ele disse que não conseguiria olhar para os meus avós sabendo o que eu teria feito, que eu estava cometendo um assassinato. O assassinato do neto dele.

Claro que ele não falou isso para mim diretamente. Ele mal conseguia falar comigo. Ele encheu o ouvido da minha mãe com isso e ela se sentia muito triste. Muito dividida entre ser fiel a mim ou ao casamento dela. Por isso mesmo resolveu fazer um desabafo e um pedido

— Mari, eu quero que você saiba que estou do seu lado pra tudo. Eu te apoio em tudo o que você precisar fazer. Mas eu não quero participar. Eu não quero saber quando vai ser e quero que você aceite ficar na casa da Luara, e eu ajudo a te acobertar aqui em casa. Mas pra não mentir pro seu pai, eu prefiro não saber quando nem como vai acontecer. Além disso, também não poderei ajudar a pagar, pois não terei como explicar a ele. Mas estou do seu lado e te amo muito.

Esse desabafo mexeu comigo de várias formas.

Primeiro, achei completamente válido. Eu não podia pedir para ela escolher entre o amor de um filho e o de um marido. Talvez esse fosse o primeiro indício de que o amor maternal não é, afinal, tão incondicional assim. Existem, sim, condições. Eu sabia que não se tratava exatamente disso, mas essa sensação existiu.

Segundo, mais uma vez, eu me sentia sozinha. Eu sabia que ainda tinha Luara e Bia para me ajudar em qualquer coisa, porém existia uma sensação de insegurança absurda.

Terceiro, eu não tinha o direito de pedir que a minha mãe passasse por isso. Ela não precisava. Eu me enfiei na situação e eu tinha que passar por isso sozinha. Então, ao mesmo tempo em que o abandono materno me desestabilizou, deu-me forças para entender que era isso mesmo o que eu queria. Mesmo sem ajuda e amparo da minha mãe em cada passo, eu daria o meu jeito.

Por último, mas não menos importante, eu tinha que pensar em como pagar o procedimento, pois eu pretendia, sim, pedir o valor emprestado a ela. Contudo ela descartou a possibilidade para não se prejudicar. *Então, se vira.* Em poucos dias eu precisava arrumar cinco mil reais. Ou pelo menos eu imaginava que seria isso mesmo.

***

Quase uma semana se passou e Luara não tinha conseguido nenhum contato para que eu fizesse o procedimento.

Acabamos não indo à praia, e além de eu estar me sentindo o cocô do cavalo do bandido por ter acabado com o final de semana de praia da família, eu ainda não tinha conseguido cumprir o objetivo que tinha dado a mim mesma: acabar com esse sofrimento todo. Eu sentia como se tivesse uma bomba-relógio dentro de mim.

Eu estava me aproximando de onze semanas e não tinha conseguido marcar nada ainda. Por via das dúvidas, pedi para Bia ver se ela, por acaso, não sabia de ninguém, e para uma amiga minha, Tuane, que morava no Rio, pois meu plano final era ir até lá mesmo. Eu só não sabia como nem com que dinheiro.

Larissa também me conseguiu um contato, porém era de remédio, e eu estava muito relutante em tomar mais comprimidos. Ela disse para conversar com uma amiga dela que havia feito no início do ano e que tinha dado certo. Além disso, a moça era de Registro mesmo e acompanhava tudo. Mandei algumas mensagens para a amiga dela, que me tranquilizou demais e disse que tinha dado super certo. Decidi conversar com a mulher que vendia o medicamento.

Expliquei toda a ladainha e ela me falou que eu havia tomado a dosagem errada todas as vezes. Ela disse que o correto era um comprimido para cada semana de gestação. Como eu estava com dez, teria que utilizar dez comprimidos.

Achei um pouco suspeito isso. Para mim, ela só estava querendo vender o remédio. Dei uma pesquisada na internet e vi que em alguns lugares a recomendação era exatamente essa. Não era em todos os lugares e eu nem sabia se eram sites oficiais, mas eu me agarrei à informação. A moça foi bem atenciosa comigo e me acalmou bastante. Disse que me acompanharia e que, inclusive, podia entregar os comprimidos na minha casa.

Decidi tentar mais uma vez com remédios. Ao invés de cinco mil reais, eu só pagaria mil. Eu senti confiança nessa mulher e tinha quase certeza de que iria dar certo. Falaram que das outras estava muito cedo para tentar e que talvez tenha sido por isso mesmo que não havia dado certo.

Conversei com a Luara e pedi a ela para fazer na casa dela, assim meus pais não saberiam de nada. Ao enviar a mensagem, no entanto, percebi que ela não estava muito à vontade com a situação. Ela disse que ia ver se conseguia me receber na casa dela, pois tinha um compromisso. Fiquei um pouco apreensiva e mandei mensagem para Bia.

Bia disse que ia trabalhar, mas que eu podia usar a casa dela sem problemas. No dia seguinte, então, Luara foi até a minha casa para conversar comigo:

— Mari, conversei com uma amiga minha que é médica para saber como é essa questão de tomar o remédio. Eu precisava saber quais seriam os efeitos colaterais para saber como proceder se algo sair do controle. Ela me disse que você vai sentir muita dor e que você pode sangrar bastante. E eu vou ser muito sincera com você: eu, Luara, não sei se eu consigo te ver sentindo dor e te ajudar. Vai ser muito difícil para mim te ver passando por isso e preciso trabalhar muito bem a minha cabeça para isso.

Enquanto ela falava, tomei mais uma decisão difícil.

— Lu, não se preocupa, pois eu acho que você não tem que se envolver mais do que gostaria de estar envolvida. Eu já falei com a Bia e ela vai estar comigo. Não se preocupa, de verdade.

— Obrigada por me entender.

Eu tive que mentir para ela. Eu vi que ela não estava confortável em me ajudar. Era uma questão pessoal dela. Ela não é médica, não é enfermeira e foi forte o suficiente para me falar isso antes de algo acontecer, pois se eu tivesse que ser forte por ela e por mim não ia dar certo. Bia não estaria comigo, mas eu disse a ela que estaria para que ela não se sentisse mal por não conseguir me ajudar. Porém a triste verdade é que, mais uma vez, eu estaria sozinha.

Decidi que não iria para a casa da Bia, que faria em casa, no meu quarto. Não daria merda, eu sabia disso. Daria tudo certo. Depois eu inventava uma história para contar que perdi. Eu ainda não sabia exatamente como eu ia fazer isso, mas o plano era esse. De novo.

CAPÍTULO 53

Desde que tinha decidido novamente terminar a minha gestação, eu sentia que Halila estava em uma cápsula, protegida, fora do meu corpo. Eu não conseguia mais me conectar com ela como havia feito em alguns momentos. Não havia mais conversa, não havia mais pedidos de desculpa, não havia mais especulação. A sensação que eu tinha era de que ela estava apenas esperando a hora de sair de cena de vez.

Meus amigos e familiares entenderam meu espaço e pararam de me mandar mensagens perguntando como eu estava. Meus pais, por conta dos últimos dias, também não tocavam mais no assunto. Eu fiz tanto esforço para estar sozinha que consegui.

Apesar de me sentir protegida no meu casulo, eu estava desesperada para que tudo acabasse logo.

No dia seguinte em que conversei com a moça que me vendeu os remédios, o marido dela veio me entregar os comprimidos. Sete horas da manhã. Eu achei arriscado entregar na minha casa, pois fiquei com medo que meus pais vissem e eu não tinha uma desculpa pronta para dar. Para minha sorte, ninguém percebeu e eu voltei para o meu quarto sem ninguém saber de nada.

***

Como eu estava muito relutante com esse remédio, à noite li novamente as orientações que ela tinha me passado e a primeira delas dizia que os comprimidos tinham alguns números inscritos, algumas letras, e era em formato hexagonal. Olhei os comprimidos e não achei as letras. Já entrei em desespero achando que eles eram falsos.

Pesquisei na internet uma forma de saber como eram os comprimidos corretos. Entrei no site da fabricante do remédio e a foto não condizia com o que eu tinha em mãos. As letras deveriam estar ali. Mandei uma mensagem para a mulher questionando-a, mas não obtive resposta. Fiquei muito nervosa.

Continuei pesquisando muito até achar um site que mostrava exatamente o comprimido que eu tinha. Ali dizia que os comprimidos tinham números e/ou letras. Fiquei mais aliviada, mas ainda estava incomodada com o fato de a mulher não ter me respondido.

29 de julho – quinta-feira

Acordei às sete e meia da manhã e avisei à moça que ia começar o procedimento. Além disso, pedi uma resposta ao meu questionamento.

Ela me respondeu com um *print* da tela do celular dela, daquele dia, com a conversa que tinha tido com uma menina que tinha acabado de abortar. Não era exatamente o que eu esperava, mas era o que eu tinha para acreditar que dessa vez, finalmente, daria tudo certo.

Ela pediu que eu colocasse quatro comprimidos sublinguais e aguardasse por quarenta minutos até que se dissolvessem. Depois desse tempo, pediu que eu fizesse uma pasta com um pouquinho de água e mais quatro comprimidos para inserir no canal vaginal e me mantivesse deitada com o quadril para cima. Depois de duas horas, mais dois comprimidos sublinguais.

Nesse meio tempo, tive febre, muito calafrio e muito, mas muito enjoo. Os sintomas foram mais evidentes do que das outras vezes. Além disso, a diarreia e as cólicas também estavam bem presentes. Depois de todo esse processo, antes de me levantar, ela pediu que eu fizesse um exame de toque para ver se o sangramento havia iniciado.

Não havia.

Então me falou para inserir 15 ml de água dentro da vagina com uma seringa e aguardar mais uns quarenta minutos.

Fiz o que ela pediu e, então, fui ao banheiro.

Para minha surpresa e felicidade havia sangramento.

Ainda era pouco, mas havia.

Ela disse que eu podia andar normalmente e continuar as minhas atividades do dia, pois logo o sangramento aumentaria e o processo se completaria.

Fui tomar um banho e vi que o sangramento aumentou bastante. Chorei muito no banho, agradecendo e pedindo desculpas a Halila, finalmente conversando com ela.

Nesse momento eu sentia que toda essa tortura e todo esse sofrimento estavam, enfim, acabando. O sangramento aumentaria e logo eu estaria livre dessa situação para sempre.

Saí do banho, coloquei um absorvente e vivi a vida normalmente.

***

Conforme eu andava, eu sentia que o sangramento descia. Eu ainda sentia cólicas, mas como estava em casa tentava disfarçar.

Nesse dia eu almocei mais tarde. Falei para minha mãe que estava sentindo muitas cólicas de manhã. Ela até me ofereceu remédio e uma bolsa de água quente, mas eu recusei e disse que só precisava dormir.

Três horas se passaram e cada vez que eu ia ao banheiro via mais sangue coagulado saindo. Eu sentia vários "pedaços" caindo e pensava comigo que era isso então. Finalmente tinha dado certo e eu só precisava esperar parar o sangramento.

Só que ele não parou. Muito pelo contrário, só aumentou. As cólicas também não tinham dado muita trégua, apesar de a dor estar completamente suportável.

Fiquei preocupada com a quantidade de sangue que eu estava perdendo, então, quase no final da tarde, mandei uma mensagem para minha mãe informando que eu estava com sangramento.

Ela chegou no meu quarto muito assustada, questionando-me o que havia acontecido. Eu disse que tinha acordado com muita dor e com cólicas, e que fazia algumas horas que eu estava sangrando. Disse que eu não havia dito nada antes, pois eu esperava que estivesse tendo um aborto. Ela concordou comigo e pediu para me levar ao hospital.

No caminho, eu ainda tinha dor e sentia que o sangue não parava de sair. Ela estacionou o carro a meia quadra da maternidade e tivemos que ir andando. Quando chegamos na porta senti um bolo pesado no meu canal vaginal e minha calcinha ficou pesada. Parei um minuto e percebi que estava vazando sangue na minha calça.

Entrei na maternidade e avisei o que estava acontecendo. Enquanto entregava meus documentos pedi para usar o banheiro da recepção.

Ao sentar na privada escutei cair um pedaço muito grande de sangue coagulado e imaginei que era, então, o conteúdo do meu útero. Tinha sangue por tudo na minha calça e na minha calcinha. Demorei alguns minutos para tentar me limpar ao máximo, mas eu estava encharcada.

Ao que me pareceu, o sangramento diminuiu depois desse episódio e eu voltei para a recepção. Informei que não iria me sentar na cadeira para não sujar e aguardei o médico me chamar.

No consultório havia um médico e uma médica. Informei a eles que eu tinha acordado sentindo dor e que durante a tarde tinha começado a ter sangramento. Dei meu cartão do pré-natal e a doutora disse que queria me examinar. Fiquei sem graça por conta do sangue, mas ela disse para eu não me preocupar, colocar o avental e deitar na maca.

Ali, deitada, com as pernas abertas e toda ensanguentada, eu só aguardava uma boa notícia. Fiquei imaginando se eu havia conseguido esconder a minha animação por estar finalmente interrompendo a minha gravidez e se eles por acaso desconfiavam que eu tinha usado remédios.

A médica disse que ainda havia muito sangue coagulado no meu canal vaginal e que ela tiraria o que ela conseguisse para tentar diminuir o sangramento.

O que me preocupou, no entanto, foi que ela fez um exame de toque em mim e disse:

— O colo do útero está fechadinho, tá?

Senti um gelo. Eu não sabia o que isso significava, mas sentia que não era nada de bom. Troquei-me e me sentei na frente dos médicos. Ela fez o comunicado:

— Marina, o único exame que pode confirmar se você está em um processo de aborto ou não é o ultrassom transvaginal. Infelizmente, neste horário nós não conseguimos fazer aqui no hospital, mas amanhã você pode retornar aqui ou ir em algum laboratório de imagem. Por isso nós não podemos confirmar nada para você no momento. Se você se sentir confortável, podemos te internar, mas como você está sem febre e o sangramento parou não há necessidade.

Eu estava tentando processar a notícia.

— Além disso, não há o que possamos fazer para evitar qualquer processo que esteja acontecendo, ok? Pode ser que seja um aborto, pode ser que não. Só o ultrassom vai confirmar isso mesmo, tá?

Concordei, meio contrariada, e peguei o pedido do exame da mão da médica.

Eu queria comemorar. Sentia que o aborto tinha acontecido realmente, mas queria ter certeza antes de mais nada.

Saí da consulta e minha mãe estava aguardando ansiosa por notícias. Informei que nada podia ser confirmado. Fomos para casa e eu me fechei no meu quarto.

CAPÍTULO 54

<u>30 de julho – sexta-feira</u>

Acordei nervosa, mas, de alguma forma, eu via uma luz no fim do túnel. Eu já podia sentir o gosto da cerveja que eu ia tomar à noite para comemorar.

Eu sei que é horrível pensar em comemorar isso, porém, honestamente, era assim mesmo que eu me sentia. A gravidez era um erro de percurso apenas. Eu precisava voltar para a minha vida o quanto antes. Dessa vez eu tinha quase certeza de que tinha dado certo. Nenhuma gravidez continua normalmente depois da quantidade de sangue que eu havia perdido no dia anterior.

A ausência de uma dor intensa no processo, entretanto, preocupava-me um pouco. Eu tinha lido muitos relatos e pessoas próximas disseram que era uma cólica muito, mas muito intensa, quando o aborto realmente acontece. Mesmo assim, eu me agarrava à informação de que o sangramento era suficiente e que cada corpo é diferente. Cada mulher sente um nível de dor e não dá para comparar.

Cheguei na clínica de imagem com a minha mãe e aguardei ser chamada para a consulta de ultrassom – e essa eu esperava que fosse, de fato, a última.

Por questões de segurança devido à Covid, eu não podia entrar com nenhum acompanhante.

Entrei na salinha escura e fui para o banheiro para me trocar após as instruções da enfermeira. A única coisa que eu conseguia pensar era: "Está acabando. *É* só confirmar agora, fica calma". Só que eu tremia. Eu estava nervosa. Morria de medo de que o pesadelo continuasse de alguma forma.

Deitada na maca, expliquei brevemente ao médico que estava ali para confirmar se a gestação havia terminado, pois, aparentemente, eu havia tido um aborto no dia anterior.

Gelzinho, aparelho e imagens cinza e desconexas na tela. O médico ficou muito quieto analisando as imagens. Primeiro, surgiu um grande círculo preto. Ele selecionou e escreveu: LÍQUIDO. Meu coração foi na boca e voltou.

Mas eu não esperava pela imagem seguinte. Em algum ponto da tela, pequenas cores apareciam e, de repente, escutei batidas de coração. Logo depois, o diagnóstico das imagens:

— O feto está bem. Seu colo do útero está um pouco baixo, mas está tudo normal. Assim que o bebê crescer mais vai ficar na posição correta. Não tem com o que se preocupar.

Eu não conseguia entender. Era um misto de raiva, indignação, medo, horror e, pelo que me parecia na hora, o médico era um incompetente. A única coisa que consegui dizer foi:

— COMO? Eu sangrei a tarde toda! Não é possível!

Foi um impulso, eu não consegui controlar. O médico apenas me disse que essas coisas acontecem e que eu deveria evitar exercícios físicos. Eu podia ver nos olhos dele que ele não estava exatamente feliz em me dar a notícia. Ele e a enfermeira sabiam que eu havia tentado tirar. Era óbvio pela minha reação. Ainda assim, nada foi dito ou censurado. Melhor ainda: ninguém me parabenizou. Era nítido o que estava acontecendo ali.

Ele terminou, eu me levantei tentando disfarçar a minha decepção comigo mesma e fui para o banheiro colocar a minha roupa. No mesmo segundo em que fechei a porta, não consegui controlar as lágrimas mais. O choro foi inevitável. Saí correndo dali e fui para a recepção aguardar as imagens do exame.

Na minha cabeça passava apenas uma coisa: "Ele falou para evitar exercícios. Vou correr uma maratona. *Não* é possível. Vou para a academia, levantar peso, pular de paraquedas. Qualquer coisa!". Esse é outro pensamento horrível, mas eu via essa gravidez, a essa altura do campeonato, como um parasita me sugando.

Não era um bebê para mim. Era um incômodo.

Desabei no colo da minha mãe e ela entendeu tudo.

Depois de pegar o exame, entramos no carro e ela começou a falar entre os meus soluços:

— É isso que você quer? Você não quer mais seguir com essa gravidez mesmo?

— Tudo o que eu mais queria era ter abortado! - falei, desesperada.

— Então vamos fazer o seguinte. Você vai ter que tirar em uma clínica, mas nós vamos falar para todo mundo que o aborto espontâneo aconteceu. Para sua avó, o pai, o vô. Todo mundo vai ter que pensar que foi natural. Ninguém vai entender se não for assim.

Eu não tinha muita certeza se ela conseguiria guardar esse segredo ou dar a notícia sem parecer que estava mentindo. Minha mãe é uma péssima atriz.

— Por você eu vou fazer isso. Eu estou vendo o quanto você está sofrendo com isso. Por mais que eu não concorde, eu vou te apoiar, pois te ver sofrer assim é a pior coisa do mundo para mim.

Eu tenho a melhor mãe do mundo. Eu sei. Tenho tantos amigos e pessoas incríveis, mas se tem uma pessoa que eu sei que faria tudo e mais um pouco por mim, é ela. Eu sei o quanto isso tudo era difícil para ela. Mas esse é o tal do amor incondicional que falam que os pais sentem pelos filhos, né? Não sei se algum dia irei experimentar essa sensação. Minha mãe diz que é como sentir o coração fora do peito o tempo todo. E ela é excelente nisso.

***

Mandei mensagem para o número do Rio de Janeiro que uma amiga havia me dado. Aparentemente, era o celular pessoal do médico.

A foto de perfil era de um senhor em cima de um skate. Tentei não focar tanto nisso. Pouco tempo depois, ele me respondeu dizendo que era só ligar na clínica dele e falar com uma secretária em específico. Acho que era uma espécie de código. Essas coisas precisam ter esses trâmites.

Assim que a secretária atendeu, informei que precisava fazer um procedimento com o médico. Ela apenas perguntou de quanto tempo eu estava e quando eu estaria disponível. Informei que poderia ir no início da semana seguinte e que estaria, então, com onze semanas de gestação.

Ela me disse que para esse tempo o valor era de sete mil reais, podendo ser pago em espécie ou no cartão de crédito. No débito não era aceito. Fiquei imaginando qual seria a razão social que apareceria na fatura.

Marquei para quarta-feira da outra semana, assim daria tempo para me organizar, comprar a passagem, ver onde ia ficar e, não menos importante, descobrir de onde eu tiraria essa grana toda. Mas eu ia dar um jeito. A minha vida dependia disso.

No final de semana fui para a casa de uma amiga. Se a minha mãe é uma péssima mentirosa, eu sou três vezes pior. Não havia a menor possibilidade de conversar com o meu pai sobre o assunto nem de receber abraços de consolo por uma coisa que, obviamente, ainda não tinha acontecido.

Resolvi comprar as passagens de ônibus primeiro e ver com a Tuane se ela poderia me receber na casa dela por dois dias. Eu me senti abraçada à distância. É muito bom ter com quem contar nessas horas. A única coisa que ela não poderia fazer por mim era me acompanhar, pois estaria trabalhando, mas disse para eu me sentir em casa, como sempre.

Tuane é uma daquelas pessoas que chegam na sua vida e não importa quanto tempo passem separadas ou quantas coisas diferentes vocês vivem, sempre que a gente se via eu sabia que tinha nela uma irmã para a vida. Ela sempre me apoiou em tudo e dessa vez não foi diferente.

Já com relação à parte mais complicada, recorri à única pessoa que tinha qualquer obrigação de me ajudar: Yuri.

É completamente injusto e egoísta da minha parte, eu sei. Depois de semanas sem aparecer, ligar ou dar qualquer notícia sobre a minha saúde, eu simplesmente mandei uma mensagem um dia dizendo que precisava de grana para realizar um aborto.

Ele não deve ter entendido nada. Uma hora eu disse que teria o bebê, outra que ele não era o pai, depois que eu havia me confundido e, sim, era ele, mas que eu não queria dar explicações. Por fim, isso.

No entanto ele não perguntou e não hesitou. Disse que conseguiria o dinheiro e que iria comigo na clínica. Ele parecia genuinamente preocupado, mas no fundo no fundo, acredito que tenha ficado aliviado com o fato de eu finalmente ter decidido pelo aborto em uma clínica. Eu, na verdade, não queria que ele fosse lá comigo. Preferia que alguma amiga estivesse junto, por isso mandei mensagem para Becca avisando o que ia acontecer.

Também não foi justo com ela. Eu também a havia enxotado, parado de dar notícias a ela e, de repente, reapareci com um fato desses.

Ela ficou muito feliz por eu, enfim, entrar em contato. Disse que estava muito preocupada comigo, sem saber o que estava acontecendo, pensando em vários cenários. Ela me contou que o Yuri já tinha até aceitado o fato de que ia ser pai, mas que, se eu precisava acabar com isso, ela estaria ao meu lado. Sem dúvidas.

***

Contei para Bianca sobre a minha decisão, mas não mostrei a ela a foto do médico em cima do skate. Ela *nunca* me deixaria ir. Pensamos juntas em alternativas para tentar resolver isso em Registro para eu não precisar viajar. Ela disse que estava apreensiva de eu ter que ir até o Rio.

Conseguiu um contato "daquele jeito" – uma amiga de uma prima de uma conhecida da colega de trabalho que conhecia uma pessoa indicou o contato. Seria tão mais fácil se pudéssemos recorrer ao Google!

Infelizmente, não tivemos muito sucesso. Minhas passagens estavam marcadas para terça-feira quase no horário do almoço e Bianca passou a segunda-feira entretida nessa missão. Ligou para uma clínica e tentou vários códigos com a secretária, mas a mulher apenas se fazia de desentendida. Ficamos sem saber se a clínica realmente fazia abortos ou não.

***

No dia seguinte, eu estava na rodoviária aguardando o meu horário para embarcar nessa loucura. Yuri me mandava mensagens o tempo todo pedindo para avisá-lo. Eu achava irritante – os hormônios ainda estavam atacando –, mas o mínimo que eu podia fazer era tentar ser civilizada com ele, afinal, ele tinha transferido todo o dinheiro para a minha conta. Eu realmente não estava em posição de reclamar.

Chegando ao Rio, Tuane me recebeu em sua casa de braços abertos. Fomos no mercado comprar algumas coisas para ela poder fazer um jantar. Eu sei que ela ia cuidar de mim e eu queria chorar por isso. Eu andava muito chorona.

Ela me contou que uma amiga dela havia passado pela mesma coisa e, inclusive, tinha ido na mesma clínica que eu iria no dia seguinte, só que no último minuto ela desistiu e resolveu ter o bebê. Perguntei se por acaso devolveram o dinheiro e ela disse que apenas uma parte.

Era uma situação impensável para mim. Eu jamais desistiria. Eu sentia que estava fazendo a coisa certa. Porém, ao mesmo tempo, eu não sentia que estava realmente ali. Eu conversava com Tuane e parecia que eu me via de cima, minha cabeça estava longe. Eu estava totalmente desconectada comigo, com o meu corpo e com essa gravidez.

Halila já não estava mais comigo. Essa era a única coisa que eu sentia de fato. E verdade seja dita, eu não queria que ela estivesse ali para me ver cometendo um crime.

Era tudo tão errado e ao mesmo tempo tão certo. Em nenhum momento, desde que havia entrado naquele ônibus, eu tive dúvidas ou quis pensar melhor. A minha ansiedade tomava conta de todo o ambiente. Era quase palpável.

Eu apenas precisava que tudo acabasse.

Logo.

CAPÍTULO 55

4 de agosto – quarta-feira

Eu estava completamente ferrada de grana, mas me dei o luxo de pegar apenas Uber no Rio. Eu já ia passar por uma situação impossível, não precisava arriscar pegar Covid em transporte público.

No caminho para a clínica fui observando a cidade, tentando imaginar como eu estaria me sentindo dali a algumas horas e pensando: "Como será o médico? Pela foto, não me parecia muito confiável... Será que o lugar era fachada para alguma outra coisa? Será que o lugar é feio? Escondido? As pessoas irão me tratar bem? Vai ser uma carnificina? Vai ter anestesia? Depois, se tudo acabar bem, será que eu posso fumar um cigarro? E beber um vinho? Tuane com certeza vai fazer um jantar pra gente...".

Meus pensamentos foram longe para tentar driblar a ansiedade – ou aumentá-la. Passa realmente tudo na sua cabeça. Ainda existia um medo que eu não queria externalizar, mas ele era muito presente: eu tinha um medo absurdo de morrer. Se o pior de tudo, que para mim era isso, não acontecesse, ainda havia outras possibilidades que me paralisavam. Eu poderia ter algum sangramento anormal, ter que ir parar em um hospital e, enfim, descobrirem sobre o aborto e, sei lá, ser presa! Eu nunca pensei muito em como isso acontecia e lembrar de alguma notícia com relação a isso foi impossível. Eu não conseguia pensar racionalmente, apenas contemplar os piores cenários que apareceram na minha mente.

Nenhum deles era agradável, reconfortante ou simplesmente aceitável.

Para minha sorte, Yuri teve que comparecer a uma audiência e não pôde me acompanhar, mas Becca já estava a par da situação e iria me encontrar lá depois de sacar uma parte do dinheiro que faltava. Obviamente, com a minha cabeça do jeito que estava eu não me atentei ao limite diário de saque no meu banco e não consegui sacar o valor total da minha conta naquela semana. Por isso mesmo, nesse fatídico dia pela manhã, tive que transferir para Becca o que faltava e aguardá-la na clínica depois que ela conseguisse sacar tudo.

Chegando lá, os meus medos, que eram tantos, foram se dissipando aos poucos.

Primeiro: o local. Era uma clínica. Normal. De ginecologia. Tudo muito limpo, as secretárias simpáticas e atenciosas e o cheirinho de café da máquina. Achei que eu ia me sentir um pouco acuada, porém a naturalidade delas me tranquilizou.

Informei meu nome e perguntei se precisava fazer o pagamento já. Uma delas apenas me perguntou se eu tinha acompanhante e que não era para me preocupar com o pagamento ainda. Eu estava um pouco trêmula, mas aos poucos fui relaxando. Eu informei que a minha acompanhante estava um pouco atrasada, mas que logo chegaria. Ela me acalmou dizendo que era só aguardar um pouquinho.

Duas moças acabaram entrando na minha frente, no meu horário, pois Becca ainda não havia chegado. Não dava para saber se elas estavam lá pelo mesmo motivo que o meu, mas havia algo no olhar delas que eu pude identificar: o mesmo medo e a mesma insegurança que eu estava sentindo. Além disso, elas estavam com um acompanhante, que entrou junto. Eu só consegui pensar que estávamos todas ali, no mesmo barco, na mesma situação merda.

Escutei o sininho da porta e quando virei para olhar fiquei aliviada ao finalmente ver Becca. Ela veio correndinho na minha direção e me abraçou muito forte. Eu sabia que ela estaria ali para tudo – sempre soube. E apesar de estar muito nervosa e ansiosa, fiquei feliz e emocionada com a presença dela. Sim, eu continuava particularmente emotiva. Eu não aguentava mais essa bola de pelos na minha garganta – até o cheiro maravilhoso do café naquela recepção estava me deixando emocionada. Que bizarro!

Ficamos sentadas mais um pouquinho aguardando a minha vez, e nesse meio-tempo duas meninas entraram para falar com as secretárias. Eu parei para prestar atenção no atendimento, pois qualquer distração a essa altura era extremamente bem-vinda. Depois de olhar alguns papéis e documentos que as meninas entregaram, uma das secretárias disse que não podiam atender menores de idade desacompanhadas, infelizmente. Senti um aperto no peito e vontade de chorar de novo. Olhei para Becca e sussurrei: *"Tudo podia ser muito pior"*.

E na verdade é. Isso é mais comum do que imaginamos. Pouco se fala sobre esse assunto. Quem resolve abrir a boca é condenado a julgamentos de todos os lados e é por isso que quase ninguém quer falar sobre a gravidade disso.

Senti-me mal pelas meninas. Não dava para saber qual delas estava grávida. Devia estar de pouco tempo, assim como eu, que nem tinha barriga aparente ainda.

O que seria dela a partir daquele momento? Será que ela tentaria alguma forma mais clandestina? Tomaria pílulas como eu tomei, ou já teria tomado e também não tinha dado certo? Talvez levasse a gravidez adiante e desse o bebê para adoção? Ou seria condenada pela família por ter "aberto as pernas"? Será que foi um sexo com consentimento? Seria o garoto também menor de idade ou estaria eu presenciando uma vítima de abuso infantil? Estaria o cara pressionando a menina a fazer isso? Ou ele simplesmente fingiu que não era com ele, como MUITOS fazem?

Eu estava nesse ambiente, sentindo coisas tão ruins, e estava tão nervosa e ansiosa que eu não conseguia imaginar um final harmonioso; e, convenhamos, havia uma possibilidade de, no melhor dos cenários, ela ter uma gravidez saudável, um bebê lindo e o apoio da família e amigos. Atrasaria um pouco para se formar no colégio em função da gravidez e depois de alguns anos de muita dedicação teria uma vida completamente normal e feliz. Quem sabe com o mesmo namoradinho, que não era um abusador e, sim, o grande amor da vida dela.

Porém, pela cara de desespero das meninas diante da informação, eu descartei a parte feliz.

Eu fiquei com o coração apertado por elas. Distraí-me tanto pensando em todas as possibilidades que iriam nortear a vida dessas meninas que quase não ouvi quando, finalmente, chamaram meu nome.

***

Eu e minha fiel escudeira, Becca, fomos orientadas a entrar em uma salinha pequena e aguardar o médico. Mesmo estando um pouco atordoada com o que estava por vir, eu fiz questão de olhar todos os detalhes da clínica e constatei que podia ficar ainda mais tranquila.

O lugar era lindo, com tudo novo, bem cuidado e com várias funcionárias. A quantidades de mulheres sorrindo para nós era um lembrete para que nos sentíssemos à vontade e acolhidas. Além disso, pudemos ver que o lugar era grande. Não era um fundo de quintal como eu imaginava. Mais um suspiro de alívio.

Ficamos comentando sobre tudo e nada ao mesmo tempo, jogando conversa fora, até que o médico chegou.

Um senhor. Oitenta anos. Muito querido e gente boa.

Senti-me instantaneamente abraçada.

Dava para ver que uma das missões dele ali era, antes de tudo, deixar-nos muito à vontade. Ou, talvez, fosse apenas para fazer jus aos sete mil reais que eu tinha em dinheiro vivo dentro da minha bolsa. Nunca se sabe! Mas me senti bem e a intuição me disse para ficar tranquila. Sosseguei.

Fizemos as devidas apresentações e conversamos muito sobre a questão do aborto em si. Ele falou algo que me marcou bastante esse dia e que eu nunca tinha parado para pensar: decidir abortar é um ato tão nobre quanto manter a gravidez. Não é para romantizar o ato, mas ser consciente de uma escolha diária e vitalícia. Ele nos contou que era obstetra e realizava vários partos diariamente, mas como ele mesmo fez questão que entendêssemos, todos estamos passíveis de erros e temos o direito de nos retratarmos. Deixou muito claro que eu não era a primeira nem a última mulher que havia tomado essa mesma decisão. Então, que eu respirasse um pouco e não me sentisse culpada.

Falou também sobre a sua clínica. Segundo ele, a inspiração veio de um modelo europeu que ele tinha visto havia muitos anos e que trouxera para o Brasil com esse objetivo. Ele realizava abortos há cinquenta anos. Todos os dias. Mais de um por dia. Fiz as contas rapidinho e cheguei a duas conclusões: a primeira é que essa era uma prática que dava muito dinheiro. Segundo: a quantidade de pessoas que realmente não fala sobre isso e fecha os olhos para essas situações é inestimável. Haja psicólogo para tudo isso!

Ele dividiu um pouco da sua história conosco. Disse que não era casado, mas que tem uma filha que tinha acabado de fazer cinquenta anos. Sua mulher havia falecido quando a filha ainda era pequena, em torno de 4 anos de idade, portanto ele conhecia muito bem o desafio parental – que não é nada fácil. Ainda mais sozinho.

Becca contou de forma resumida sobre os abortos que havia feito e ele nos parabenizou por termos chegado aos 30 anos com nenhum filho. *"Os tempos mudaram. Hoje as pessoas têm mais consciência dos seus atos"*, disse ele.

Senti-me bem à vontade para contar toda a minha história para ele em relação às tentativas com remédios e ele nos deu um panorama preocupante sobre a real situação do mercado de pílulas abortivas no Brasil: segundo ele, o uso da pílula – quando não é pílula de farinha (como suspeitava que tenha sido o meu caso) –, dava totalmente certo em apenas 10% dos casos. Em 60% acontecia o que tinha acontecido comigo, isto é, não interrompia de verdade a gravidez.

Outros 20% eram como o caso da Becca: o aborto ocorria, mas a mulher tinha que ir para o hospital para fazer curetagem do mesmo jeito. O que a gente não sabia é que o médico agora tinha que fazer um Boletim de Ocorrência para confirmar que a paciente já havia chegado em processo abortivo no hospital e que a curetagem era apenas um processo para finalizar o que ela já havia começado sem orientação médica. Ou seja, é um documento oficial provando que você estava cometendo um crime. Assustador.

Os 10% finais eram casos gravíssimos que poderiam até causar a morte.

Todas essas informações eram extremamente importantes e chocantes – e eu não fazia ideia de nada disso

Sobre o procedimento que ele ia realizar em mim, ele me garantiu segurança em tudo. Fez questão de frisar que eu não tinha motivos para ficar nervosa ou não confiar no trabalho dele. Realmente, eu me sentia tranquila e confiante. Ele passava essa impressão.

Antes de sairmos da salinha de conversa, ele me deu um comprimido – o mesmo usado para aborto. Eu gelei um pouco, mas ele me explicou que era apenas para ajudar na contração do útero e que tudo correria muito bem. Nem daria tempo de sentir os efeitos do remédio, pois eu já estaria sob efeito anestésico.

Assim que estivéssemos na sala de cirurgia, eu receberia uma anestesia na veia – a mesma usada para exames de endoscopia, mas que duraria apenas uns sete minutos. Assim que eu estivesse apagada, ele faria uma aspiração e uma raspagem no útero – a famosa curetagem.

Logo em seguida, segundo as palavras do próprio médico: *"Eu teria alta e poderia abrir um vinho para comemorar. Vida normal depois disso. Eu até podia ir para a academia no dia seguinte se quisesse"*. Becca riu da minha cara, pois ambas sabíamos que isso jamais iria acontecer. Já o vinho...

***

Fui encaminhada para um quarto e Becca me acompanhou em tudo. O quarto era confortável, tinha um banheiro privativo, lençóis limpos e o avental que eu ia colocar. Senti-me bem de estar ali. Tudo era muito profissional.

Uma enfermeira veio me dar algumas instruções e coletar o pagamento, afinal uma hora essa parte chata teria que acontecer. Becca estava o tempo todo conversando com alguém no celular e depois fui descobrir que era o Yuri e – pasmem – o Rodrigo! Fiquei muito feliz por ela estar atualizando o Yuri, afinal, a última coisa que eu queria era reportar esse dia para alguém. Mandei umas duas mensagens para minha mãe para tranquilizá-la. Fora isso, eu não queria nem ver meu celular. Falar com pessoas era a última coisa que eu queria. Eu ficava feliz de saber que Becca entendia essa minha necessidade de ficar quieta.

Tirei a minha roupa e coloquei o avental indicado. Poucos minutos depois, a enfermeira veio me buscar para irmos para a sala de cirurgia. Era logo ali, do outro lado do corredor. Eu entrei andando e me deitei em uma maca de ginecologia, com aqueles "estribos" um de cada lado. Havia outra médica na sala, sorrindo com cordialidade, mas também para me mostrar que eu estava em boas mãos. Era uma sensação de conforto e profissionalismo ao mesmo tempo. Ela preparou a anestesia enquanto eu me ajeitava.

Estiquei o braço para receber a agulha e logo em seguida o médico skatista entrou e me informou que logo eu iria apagar. A adrenalina e a ansiedade eram tantas que eu nem senti o líquido entrar no meu braço. Apenas joguei para Deus e apaguei.

Tive um ímpeto de chorar um pouco antes de tudo começar, mas me concentrei. Essa seria a última vez que eu me sentiria angustiada com essa situação. Senti um pequeno alívio. Logo tudo isso acabaria, finalmente.

Eu mal podia acreditar.

***

Não sei quanto tempo se passou, mas escutei a enfermeira me chamando para eu levantar e voltar para o quarto. Também fui andando, meio zonza. Percebi que não tinha dor, o que era ótimo.

Assim que cheguei no quarto, Becca me disse que o procedimento não tinha durado nem vinte minutos. Deitei-me na cama e fui orientada a comer um pouco, afinal estava em jejum. Minha amiga parecia apreensiva, mas eu me sentia bem. Ela falou que o médico já tinha informado a ela que tinha dado tudo certo.

Comi, bebi um suco e já comecei a me sentir bem melhor. Uma enfermeira entrou no quarto e pediu para eu ir ao banheiro para ver se eu estava sangrado. Eu confirmei. Por isso mesmo, ela já me deu alta ali mesmo. Senti um alívio, como se fosse uma pequena vitória. Ela disse que assim que eu me sentisse disposta era só trocar de roupa e aguardar a alta oficial do médico.

Tinha dado tudo certo mesmo. Eu mal conseguia acreditar!

Segundo ele, o procedimento tinha sido supertranquilo. Ele me informou que eu tinha um pequeno ferimento no útero e que era bom eu ver isso depois. Expliquei que eu já havia feito uma cirurgia de cone no útero e que devia ser por conta disso. Mais tarde descobri que era isso que havia deixado Becca apreensiva. Pelo que entendi, ele havia perguntado a ela se ela sabia de alguma coisa, pois eu estava sangrando um pouco a mais do que o normal.

Ele ficou visivelmente mais tranquilo e disse que agora tudo fazia sentido. O processo do aborto em si tinha ocorrido bem e em três ou quatro dias os sintomas da gravidez iriam embora. Fiquei mais calma e sorri de felicidade. Eu não aguentava mais os enjoos diários e as dores nos seios.

Por último, mas não menos importante, a minha primeira menstruação ocorreria entre vinte e quarenta dias.

Eu tinha um sorriso genuíno no rosto. Algo que não aparecia há muito tempo. A minha felicidade era quase palpável. Minha amiga constatou.

Troquei de roupa, agradeci às pessoas da clínica, e assim que saímos na rua acendemos um cigarro. Fiz mais por força do hábito: a companhia, o alívio, o fim de um ciclo. Era a nossa forma de dizer: missão cumprida. Ela me abraçou forte de novo, choramos e nos emocionamos um pouco, e ela disse que estava muito feliz por mim. O pesadelo, enfim, tinha acabado e nós podíamos respirar aliviadas.

Becca sofreu tudo comigo. Ela entendia tudo o que eu estava passando, cada sentimento que eu tive. Foi como se ela tivesse entrado naquela sala de cirurgia também. Então, quando saí finalmente aliviada, ela parecia ter tirado tirou um elefante das costas. Também.

Agradeci mais uma vez por ela ter passado mais um dia tão difícil comigo. Eu não tinha palavras para expressar toda a minha gratidão naquele momento. Abraçamo-nos forte pela última vez e seguimos nossos caminhos, cada uma com o seu Uber.

CAPÍTULO 56

Acordei no dia seguinte na casa da Tuane.

A primeira coisa que eu notei: sem enjoo nenhum.

Fiquei emocionada.

Era verdade, então. Eu não estava mais grávida. Era a primeira vez, em três meses, que eu não me sentia mal ao acordar. O alívio no peito era tão grande que não cabia em mim. Acordei sorrindo.

Eu consegui, pela primeira vez em pouco mais de dois meses, respirar de verdade.

Assim que cheguei no dia anterior eu já me sentia mais leve. Minha amiga me acolheu, perguntou se eu me sentia bem e eu realmente não tinha do que reclamar. Contei para ela e ela ficou muito feliz que tinha dado tudo certo. Até tomamos um vinho para (enfim!) comemorar.

A comemoração não tinha o gosto de "cometi um crime" e, sim, de "ganhei mais uma chance para voltar a ser feliz". E isso não tinha preço. Pensei que o arrependimento apareceria, mesmo que fosse bem pequenininho, mas nada.

Naquele momento eu tinha certeza absoluta de que havia feito a escolha certa.

Colocar outro ser humano no mundo é uma responsabilidade muito grande. É um papel nobre, é uma escolha de vida. Eu diria até que tem que ter vocação para isso. E a parcela maior dessa responsabilidade absurda e gigantesca será sempre, sempre, sempre da pessoa que está gerando essa vida. É absurdo o quanto ficamos vulneráveis tendo uma decisão tão importante para ser feita.

Tudo o que você faz a partir do momento em que há um ser humano crescendo dentro de você impacta direta ou indiretamente na vida desse serzinho que ainda nem responde por si. Todos os seus pensamentos e as suas ações estão atrelados e qualquer descuido pode ter consequência em longo prazo para esse novo ser humano. Eu não tive cacife para bancar essa responsabilidade e admito isso sem problema nenhum. Nós, as pessoas com útero e que não têm a intenção de utilizá-lo para nenhuma finalidade, ainda somos um grande tabu para a sociedade. E quem não tem um útero nunca será capaz de se imaginar nessa situação.

Eu admiro muito, mais ainda depois do que eu passei, quem faz a escolha diária e constante, para o resto da vida, de ser mãe.

Eu não tenho vocação para isso e entendi que preciso respeitar os meus limites. Preciso cuidar de mim antes de pensar em cuidar de outro, por isso mesmo, cada minuto que passava do meu primeiro dia após não estar mais grávida eu tinha mais e mais certeza de que fiz a melhor coisa para mim.

***

Arrumei as minhas coisas na quinta-feira de manhã e me despedi da Tuane. Eu não tinha como agradecer por ela ter me recebido na casa dela para isso. Eu tinha amigas incríveis.

Chegando na rodoviária, avisei à minha mãe que já estava no ônibus e voltando.

Depois que tudo deu certo, enviei apenas uma mensagem a ela dizendo que tudo havia corrido bem. Não contei detalhes por dois motivos: primeiro, eu não tinha condições; segundo, era apenas para dar um sinal de vida. Eu não queria que meu pai por acaso visse mensagens e a questionasse. Eu sabia que ela estava muito nervosa com tudo isso – não dá para preocupar uma mãe desse jeito. Não é justo.

Depois de longas horas dentro de um ônibus lotado, quando cheguei em Registro, eu tive a sorte de receber o melhor abraço de mãe. Ela chorou comigo de felicidade.

— Eu sabia que quando viesse te buscar hoje você estaria outra pessoa. Dá pra ver isso nos seus olhos e eu estou muito feliz por você!

E eu não poderia estar mais feliz comigo mesma por ter escolhido, mais de uma vez, a *minha* vida.

PRÓLOGO

Em Dubai faz muito calor. Mas depois de alguns meses aqui já estou me acostumando. Tudo bem que o fato de ser teoricamente inverno ajuda bastante – não está frio, mas as temperaturas estão mais amenas, com certeza.

Depois de alguns meses e depois de descartar totalmente a possibilidade de vir para cá, o universo jogou de novo essa cidade no meu radar. Resolvi, então, abraçar a oportunidade, mas dessa vez sem complicações, pressa ou inseguranças.

Já estou bastante habituada com a minha vida no hotel novo e na cidade nova. Já tenho meus amigos, que vejo sempre, e os lugares em que mais gosto de sair. Estou tão imersa em toda essa vida diferente que mal consigo me lembrar com nitidez tudo o que passei no início desse mesmo ano. Algumas coisas são um grande borrão e fico muito feliz por isso.

Fiquei pelo menos uns dois meses seguidos sem dar notícias aos meus amigos e familiares. Foi parte de um processo para absorver o que eu estava sentindo e passando. Muita terapia para entender tudo o que tinha acontecido comigo e eu não tenho palavras para agradecer a paciência da minha psicóloga.

Continuei com a terapia depois do aborto e isso foi fundamental.

Uma coisa que ninguém fala sobre o fato de estar grávida é que por mais feliz que a mulher esteja, por mais que ela queira ter um bebê, há momentos que vão muito além da oscilação hormonal. Nós vivemos um pequeno luto durante a gravidez.

A pessoa que éramos não será mais a mesma. Nós perderemos algumas partes nossas e essas percepções levam a pequenos momentos de depressão, que nem sabemos explicar direito como ou porquê. Por isso foi importante para mim continuar com a terapia e compreender de onde viria uma possível depressão pós-parto.

Eu estava vivendo um luto pelo medo de perder a minha identidade devido a uma possível mudança de status na minha vida. Uma vez que uma mulher vira mãe, ela nunca mais vai deixar de ser mãe e, na minha cabeça, isso era algo que eu não conseguia aceitar. Eu sempre fui muito inconstante, nunca me prendi a ninguém ou a nada. Era difícil, portanto, imaginar-me uma coisa constante para o resto da minha vida.

Aos poucos foi tudo voltando ao normal. Lembro-me de que no dia em que cheguei em Registro novamente, conversei com Yuri pelo *WhatsApp* e lembro-me de achar a foto dele bonita. Minha repulsa, afinal, estava atrelada à gravidez mesmo. Ele era um cara atraente, apesar de suas posições políticas continuarem a ser uma grande *red flag*. Digamos que eu estava aliviada por ter colocado um ponto final nessa história com ele.

Falando em cara atraente, não posso deixar de lembrar que Rodrigo é o *gentlemen* que eu sempre imaginei que ele fosse. No meu caminho para casa recebi mensagens dele perguntando se eu estava bem, pois ele sabia pelo que eu tinha passado. Além disso, disse que era para eu contar com ele para qualquer coisa... Olha, eu não tenho vontade de casar, mas com ele eu não pensaria duas vezes!

Lembro-me também de que logo que tudo aconteceu eu tinha muito medo de não conseguir mais transar com ninguém na minha vida, mas esse trauma também passou.

Não que eu não tivesse me dado o direito de surtar nas primeiras vezes e tomar pílula do dia seguinte mesmo transando com camisinha, DIU e disco menstrual. Eu apenas não confiava mais em nenhum método anticoncepcional (não que o disco fosse, mas eu o tratava como um diafragma, só para sentir que tinha mais uma camada de proteção. Fé nas malucas!).

Pouco antes de vir para cá, decidi colocar o DIU. Infelizmente, ele não durou nem um mês. Tive bastante cólica e sangramento, mas o estopim foi no final de semana antes de viajar, que fui tirar meu coletor menstrual no banho e acabei puxando os fios junto. Senti metade do dispositivo para fora do útero. Tentei empurrar de novo no desespero, mas nada feito. Fui para o hospital e tiraram.

A essa altura do campeonato, eu não tinha mais tempo hábil para tentar de novo, então decidi voltar ao método mais seguro, na minha humilde opinião: a pílula anticoncepcional.

Eu não queria colocar hormônios no meu corpo de novo, mas se isso significasse diminuir bastante a chance de engravidar novamente, pílulas passariam a ser a minhas melhores amigas mais um vez – assim como tinham sido durante onze anos da minha vida.

Tudo bem, eu estava em paz com essa decisão. Não há como negar que o DIU é completamente seguro, porém se toda vez que eu colocasse um coletor eu ficasse com medo de puxá-lo, eu não teria paz de verdade. Além disso, havia uma coisa que martelava meu inconsciente: com o DIU você não para de ovular, seu ciclo continua normal. E por isso mesmo, a foto daquele bebê que nasceu segurando o DIU não parava de me assombrar.

Com a pílula anticoncepcional não há período fértil, pois não há ovulação. Isso, de certa forma, tranquiliza-me. É óbvio que a camisinha é um item indispensável. Eu jamais transei novamente sem. Porém o segundo método de barreira, CASO a camisinha estoure, está lá, firme e forte.

***

Há muitas crianças e mulheres grávidas aqui em Dubai. É claro que a cultura sobre isso é muito diferente da minha, porém fico pensando se, em algum momento, alguma dessas mulheres sentiu dúvida como eu senti, afinal, somos todas mulheres e, em determinados momentos, por maiores que sejam as diferenças culturais, acabamos sentindo as mesmas coisas. Como cada uma lida com isso?

Foi tudo muito intenso, mas hoje toda a situação está distante da minha realidade e já não me assombra mais. Sei que ela faz parte da minha história e que tocou cada uma das pessoas à minha volta de forma completamente diferente.

O meu aprendizado com certeza veio. Da forma mais turbulenta possível.

E eu não me arrependo por ter passado por nada.

Eu não seria metade da pessoa que eu sou hoje se não tivesse vivido isso tudo. Eu não teria a coragem de bater no peito e defender a mim mesma se eu não tivesse ficado mais forte depois de passar por toda essa situação.

Desde então, todos os dias da minha vida eu escolho ser eu mesma. Escolho as minhas crenças, as minhas vontades e a minha vida.

Diariamente eu me orgulho muito de olhar no espelho e ver a mulher que eu me tornei.

NOTA DA AUTORA

Nunca vou me esquecer do dia em que me deparei com a seguinte frase:

"Você conhece uma mulher que abortou.
Isso é uma afirmação".

Isso me chocou. Eu realmente li a primeira frase em tom de pergunta. Eu não imaginava essa realidade tão de perto, nem em três vidas. Mas aconteceu. E depois que acontece você vai descobrindo muito mais mulheres que passaram por isso e amigos que já tiveram namoradas ou alguém com quem passaram uma noite e esse mesmo evento aconteceu, infelizmente.

A história contada neste livro é verdadeira. É claro que os lugares e os nomes dos personagens são fictícios, mas os sentimentos presentes em cada etapa do caminho são os mais puros e sinceros que se possa imaginar.

Deparar-me com essa realidade, de um ponto de vista bastante privilegiado, foi arrebatador e me mudou de várias formas. A personagem principal ainda conseguiu ter recursos suficientes para levar a sua decisão até o final. Mas e quem não tem?

Quem tem as mesmas dúvidas, o mesmo sentimento de não querer nutrir o ventre materno e ainda assim não tem opções financeiras ou de apoio familiar/de amigos para terminar uma gravidez sem colocar a própria vida em risco e sem se sentir uma "fora da lei"? Sem ter que passar pelo julgamento de pessoas que nunca saberão o que ela está sentindo? Sem ter a chance de se retratar por um erro? Sem ter a chance de ter uma vida normal depois de uma violência, muitas vezes silenciosa, em que o abusador sequer é apontado e julgado da forma que a mulher é?

Ninguém deveria ter o poder de decidir sobre o corpo de outras pessoas. É uma situação muito cruel. A autonomia sobre as nossas próprias vidas é valiosa demais para ser negligenciada dessa forma.

Esses são questionamentos que levantam um debate importantíssimo que não pode ser deixado de lado.

Jamais.

Esse é um dos motivos pelos quais resolvi escrever este livro. Essas coisas precisam ser faladas. É necessário ouvir todos os lados da história. É preciso levar em consideração toda a complexidade que um assunto desse traz.

Faço aqui um agradecimento especial a todos que me deixaram escrever esta história e a todos que, de alguma forma, fizeram parte desse processo.

À Marina só desejo tudo de melhor. Todos temos o direito de sermos felizes do jeito que preferirmos e não devemos dar satisfação a ninguém.